前途は遠い。そして暗い。
然し恐れてはならぬ。
恐れない者の前に道は開ける。
行け。勇んで。
小さき者よ…。

有島　武郎
（『小さき者へ』より）

【目次】

第2章 失敗しないMBA的キャリアマネジメント術

第3章 プライベートライフのマネジメントにもMBAを使っちゃえ！

はじめに

はじめに、ＭＢＡに対する〝渇き〟があった

ＭＢＡというキーワードはすっかり一般的になった。このＭＢＡとは、Master Of Business Administration、つまりは経営学修士課程の略語で、社会人がより実践的な経営手法を勉強するプログラムのこと。いわゆる、「経営のプロ」を育てるための、経営者育成道場のようなものだ。

これまでは、米国や欧州での2年制ＭＢＡがその中心的なものだったが、日本国内でもＭＢＡを取得できる学校が増えてきている。プログラム自体はかなり過酷で、実際の経営陣が直面する問題について、大量の生きた事例をもとに、経営の基礎をみっちりと叩き込まれる。しかも限られた時間と情報の中でとことん考え抜くことや、チーム一丸となって課題をこなすことが求められるという、まさに経営者になるためのトレーニングを積む実践的なプログラムなのだ。

ＭＢＡを取ろうと決意したときのことは、今でも鮮明に覚えている。

大学を出て、外資系石油会社に入った新入社員の秋。本社でトレーニングを受けた後、大阪に向かう帰りの新幹線の中で「ぼくも絶対にＭＢＡを取ってやる」という強烈な〝渇き〟が芽生えた。それが、それまで澱のように溜まっていたいろいろなものが、ふっと臨界点を超えてしまった瞬間。ガラス窓に映る自分の顔を見ながら、鳥肌が立つくらいに気分が高揚した。

大学時代、世の中にＭＢＡといったものがあることは知ってはいたが、実際にその世界を肌で感じる場面に出会ったのは社会人になってからだった。

筆者が最初に勤めた外資系石油会社は、毎年２～３人の若手社員を国内外のＭＢＡに企業派遣で送り込んでいたので、支店に配属になる前の本社トレーニングの間、何度も取得者の諸先輩と接する機会がある。

いやはや、彼らは本当に輝いていた。

同期の中では当然のことながら出世頭で、若いのに役職を与えられてバリバリ仕事をしている。外国人の上司なんかとも、堂々と議論をこなす。とにかくもう「格好良いなあ、あんな感じのビジネスマンになりたいなあ」と、憧れてしまうぐらい、彼らは輝いていた。

ところが、トレーニング期間が終了して配属された大阪支店で筆者を待っていたのは、憧れの諸先輩が仕事をする本社とは別世界だった。ガソリンスタンドの新規開店イベントを手伝うために、汗の臭いがしみこんだぬいぐるみを着込み、路上で旗を振る、そんな毎日が続く。そして自分のまわりには、けっして本社から声がからないような、疲れた顔をしたベテランの営業マンの方々が……。

「このまま一生、支店勤務で終わってしまったらどうしよう」

そんな強烈な不安感に包まれた。

入社して半年後、本社でフォローアップ研修があった。本社配属の同期はすっかりMBA取得者にでもなったような気分で、支店組を冷めた目で見下す。ひどく気分の悪い1日を過ごした後、帰りの新幹線の中で真っ暗なガラス窓に映る自分の顔を見ながら、「とにかく早くMBAを取ってやろう」と思った。

もちろん、その時点ではMBAの中身を理解していたわけではない。ただただ、颯爽と仕事をする先輩たちに憧れ、自分がしている仕事とのギャップを目の当たりにし、「ビジネスマンになったからには、もっと凄い仕事をしたい」、そういった強烈でしかも漠然としたＭＢＡへの〝渇き〟を感じただけだ。

数年後、仕事の実績が認められて、社内のＭＢＡ留学制度に合格した。その後は他のＭＢＡ取得者同様に、ＴＯＥＦＬやＧＭＡＴで苦労してスコアを何とか出し、エッセイとインタビューという関門をくぐり抜けてシカゴ大学に合格した。在学中も大変な思いの連続だったが、なんとか卒業までこぎつけ、ようやくＭＢＡ取得者の一員になった。

しかし、卒業して分かったのは、ＭＢＡでは、けっして凄いビジネスマンになるための〝魔法〟を手に入れられるわけではないということだった。

ＭＢＡを通して体得したのは、基本的なビジネスの知識だ。しかもかなり大量に、古典的なものから最先端のものまで。しかし、これらは学ぼうと思えば独学でも学べてしまうものばかり。

それよりも、はるかに新鮮だったのは、「マネジメント＝経営」という概念を徹底的に叩き込まれたことだった。ＭＢＡの授業の、すべての根幹にはこの「マネジメント」という考え方が流れている。つまりは、ビジネスをロジカルに考え、最善の意思決定をし、それらに対して責任を持って行動するということ。しかも、自ら、迅速に、果敢に、そして大胆に。この「マネジメント」という、当たり前だがとても新鮮な概念には、大いに魅惑された。そしてＭＢＡで学ぶこの「マネジメント」という手法を駆使して、何かをやり遂げたいという新しい〝渇き〟が、筆者の中に芽生えた。

そう、自分の人生を最高なものに仕立て上げるためには、ＭＢＡ手法を駆使して人生そのものを「マネジメント」しなければならない。

バリバリと仕事をこなし、キャリアを追求する。もちろんそれだけではなく、プライベートも充実させる。強迫観念のような〝渇き〟。これは、多くのＭＢＡ取得者が内面に抱えている〝渇き〟と同じもののはずだ。

ＭＢＡはマネジメントの手法だ

さて、本書の目的は、MBAにおけるマネジメントという概念を知ることで、仕事はもちろん就職や転職などのキャリアプラン、そして結婚（もしくは離婚）にいたるまでの人生の「経営術」を読者のみなさんに身につけてもらうことにある。

要するに、MBAのスキルを応用して、自分の人生のマネジメントをしよう！というのが筆者が本書で言いたいことなのだ。

自分の人生をマネジメントする、と書くと、ちょっと難しく感じてしまう読者の方もいるかもしれないが、実際にはけっしてそんな大げさな話ではない。例えば、仕事であればリスクをしっかりと把握したうえで、果敢に新たな事業に挑戦して成功を収めるということ。キャリアであれば、自分が目標とするビジネスマンになるために必要な業務経験や知識あるいはスキルを自ら能動的に身につけていく、といったようなことだ。

一度しかない人生を惰性で生きたり、誰かの手に委ねてしまったりするのではなく、自らの手で作り上げていく。世の中で成功している企業のように、果敢にそして大胆に次の一手を打ちながら、最高の結果を出していく。そんな人生を、自分の意思で構築していくことができたとしたら、どんなに幸せなことだろう。

けれどもここで、読者の方々から疑問が出るかもしれない。

ちょっと待ってくれ。話は分かるけど、ＭＢＡで教えるマネジメントの概念なんか知らなくても、これまで日本人の多くは幸せな人生を獲得できてきたんじゃないか？　だったら今さら面倒くさいＭＢＡとやらを勉強する必要なんか別にないんじゃないのか？

おっしゃるとおり。異論はない。自分の人生をマネジメントしよう、なんてＭＢＡ流の発想を持っていなくても、日本人は大学を卒業し、企業に入社し、結婚し、出世し、家を買い、子供を大学にやり、そしてたっぷり退職金をもらって、悠悠自適の隠居生活を送ることができた。

ただし、〝これまでは〟、である。すなわち、「マネジメント」しないでも生きてこられた時代というのは、戦後の高度成長期から日本経済が成熟に至るまでのたかだか数十年の話なのだ。

戦争直後の何もなくなってしまった時代、日本を立て直した人たちは、すべてをゼロから作り上げなければならなかった。そして苦しみ抜きながら、彼らは企業と自分をマネジメントする力を自然と身につけた。

けれども日本が高度成長時代を迎えると、次の世代は、大きくなっていった日本という国と企業にのっかれば人生を進むことができるようになっていった。目の前の仕事をこなせば業績が上がるラッキーな時代。まじめでいさえすれば、それなりの出世と、順番に管理職の地位を手に入れることができた時代。運が良ければ役員まで上り詰めて、結構な金額の退職金を手にすることができた時代。私生活でも、まわりの様子を見ながら、「大体こんな感じだろう」と真似をしていれば、そこそこの幸せな生活を送ることができた時代。

人生のレールに乗ってさえしまえば、あとは会社と社会がしかるべきところにあなたを運んでくれる。いや、あなただけじゃない。会社だって、いや国だって、大したマネジメントもなく、「高度成長」だとか「国際化」の波に乗って、大きくなれた。

そうじゃありませんか？

でも、時代は変わった。

右肩上がりの経済成長なんて、もはや二度と望めそうにない。

マネジメントのなかった企業がどんどんつぶれていく。具体的には、規制や既得権益に守られた「最も安全」と思われていた業種から。そして同時に、ホワイトカラー不要の声が現実のものとなる。いわゆる「中間管理職」と呼ばれていた「普通のサラリーマン」たちが、「いりません」と実際に肩をたたかれ始めた。

日本の失業率の低さのひとつは、こうしたホワイトカラー層での就業人口の吸収能力の高さがそもそもあったから、そのホワイトカラーそのものがいらないとなれば、当然雇用の枠だって減っていく。一流大学を出て、職がなく、フリーターをしてます、なんて人がまったく珍しくなくなっている。「格差社会」なるキーワードが登場してはや数年がたとうとしているのだ。

では、どうすればいいのだろうか。企業の場合は？　自社の特性とマーケットを冷静に見据え、経営の再構築を行うしかない。そう、マネジメントの見直しだ。ならば、個人は？　まったく同じ話だ。自分の才能、特性、年齢、好みなどを見据えたうえで、仕事選びから、仕事の仕方、そして人生の進め方に至るまで「マネジメント」しなければ、もはや生き抜くのが難しくなっている。

これからの時代、普通のビジネスマンにも、MBAの手法は絶対に必要になる

ＭＢＡの手法とは、企業活動を最適にするマネジメントの手法だ。企業を冷徹なまでに客観的に分析し、何をしたら最高の結果を得られるのかについて生々しいケーススタディを使って実践的な経営術を身につけていくプログラム。具体的には戦略論、財務会計、マーケティングといった実学から、論理的思考や意思決定論といったものの考え方の基本的な内容までカバーされる。

例えば、自社の強みをレバレッジして競合他社が真似できないマーケティング戦略を展開する、十分なデータがなくてもロジックを使って成功確率の高い次の一手を打つ、あるいは当たるとデカいがリスクも伴う事業をどううまく育て上げていくのかなどについて、とことん考え抜くトレーニングを積まされる。そしてその結果として、自ら果敢に企業経営をマネジメントする手法を体得していく。

こういったＭＢＡの手法は、自分の人生を経営するのにも十分に活用できる。日々

の仕事で最高の結果を出すためには、単に機械的に手を動かすのではなくて、どう考えて仕事を進めたらよいのか。あるいは、これからの長いビジネスマン人生をどのように設計していくことで、市場価値が高く稼げるビジネスマンであり続けられるのかについて、多くの洞察や示唆を与えてくれる。

もちろん、このような手法を自ら試行錯誤を繰り返して蓄積していくこともできるのだが、それでは少々時間がかかりすぎてしまう。せっかくだから、すでに存在しているこの素晴らしいMBAの手法をさっと身につけてしまおうではないか。そして次に、人生を経営するマネジメント方法について、自分なりの手法を確立すればよいだけの話だ。

この本では、MBA手法の使い方を具体的に紹介

本書では、MBA手法の具体的な使い方について、3つの視点から見ていこうと考えている。

まず第1章は、バリバリと仕事をするために、どのようにMBAの手法を応用し

たらよいかについて紹介したい。単に指示されたとおりに機械的に作業するのではなく、何もないところから新しいものを作り上げなければならない場面に直面しても、頭を使ってしっかりと付加価値を出せる仕事の仕方を紹介する。これは、ゼネラリストを目指すビジネスマンにとっては絶対に必要なスキルだ。また専門分野で戦うビジネスマンにとっても、自分の強みである専門知識で立ち向かえない難しい問題に直面した場合に、問題解決への道筋をつける手法になる。具体的には、鋭い分析力や洞察力の身につけ方といった内容から、コミュニケーションやプレゼンテーションの手法、プロジェクトの目標やモチベーションの管理といった内容について紹介していく。

次に第2章では、キャリアマネジメントのための考え方について触れる。単に積極的に転職をするための手法を紹介するのではなく、ビジネスマンとして最高の付加価値を出し続け、絶えず成長を繰り返し、なおかつ自分の仕事から得られる満足感を最大にするために、自らのキャリアをどうマネジメントしたらよいのかについての考え方を紹介する。具体的には、自分の持っている強みをどう評価し、それらをどう活用して今よりもやりがいのある仕事を手に入れていったらよいのかについてアドバイスする。結果として転職の指南書になることもあるだろうが、これからの時代に自らの手でキャリアをマネジメントしていこうと思った場合、転職は避けて通れない選択肢なのかもしれない。

そして最後の第3章では、充実したプライベート生活を送る場合にどのように考えたらよいかについても簡単に紹介する。いくら最高の仕事をすることができたとしても、私生活が破綻してしまっては人生の価値は半減してしまう。例えば、不幸な結婚生活を送らないためにはどのようなことを考えたらよいのかといった話についても、MBAの手法を使った考え方を紹介していく。

MBAを自費で取得しようと思うと、2年間の留学期間と1000万円以上の費用がかかってしまう。よって、すべてのビジネスマンが手にできる資格ではないことは事実だ。この本ではMBAのエッセンスを仕事、キャリア、プライベート生活に当てはめて、より実践的に紹介することを目的としている。つまり、これさえ読めばMBA手法の使い方の基本は身につけられる内容になっているということだ。

まずはＭＢＡの基本を理解し、さらにより多くの実践トレーニングを積みたいと思えば、実際に留学すればよい。仮にそうでなくても、この本を読み毎日のビジネスマン生活に応用することで、ＭＢＡ取得者と同レベルのマネジメント手法を身につけられるものと自負している。

ただし、とても重要なポイントだが、ＭＢＡ手法はあくまで道具でしかない。マネジメント手法以外の何物でもないのだ。その手法を使いこなすためには、まずは仕事、キャリア、そしてプライベート生活に対する強烈な〝渇き〟がなければならない。

今よりも凄い仕事をしたい、最高のキャリアを構築したいといった強い思いがなければ、ＭＢＡのマネジメント手法といえども、やはり単なる小手先の技に成り下がってしまう。本書では、この〝渇き〟に関する部分には触れない。が、この本を手にする方はきっと癒されない〝渇き〟を持っているのではないだろうかと類推する。だとしたら、この本で紹介するマネジメントの手法を、砂漠に水があっという間に吸収されるように、取り込んでしまうことができるだろう。

そして、この本を読み終えて数多くのＭＢＡ手法を手に入れた後、さらなる貪欲なまでの〝渇き〟が読者の方々に芽生えたとしたら、そこがこれからの自分の人生の出発点になる。今よりも、もっと成長するために、〝渇き〟を癒す何かを求めて疾走する人生。著者が、そして多くのＭＢＡ取得者が無意識のうちに渇望しているように。

それでは早速、本論に入っていこう。

第1章

最高の結果を出すためのMBA的仕事術

1

ＭＢＡ手法を身につけ、どこでも勝てるプロの仕事師になれ！

ロジカルに考え、ビジネスのアイデアを出し、それを成功確率の高いプロジェクトに仕上げ、そして必ず結果を出す。それがプロフェッショナル、それが仕事師だ。その心構えはできているか？

■プロフェッショナルな仕事師とはどんなビジネスマン？

何十年も会社で丁稚奉公のような下積み生活を送り、管理職の一員になってようやく会社に貢献し始めるような働き方は、もはや存在しなくなる。世界で活躍するビジネスマンは、就任したその日から、結果を出すことを当然のように求められているのだ。プロ野球やＪリーグにおける助っ人外国人選手のように。これからのビジネスマンは、仕事のプロフェッショナルでなくてはならない。

〝プロフェッショナルな仕事師〟とは、どんな状況に置かれても、ロジカルに考えてビジネスのアイデアを出し、仕事で最高の結果を出す力を持ったビジネスマンのことを指す。

プロフェッショナルなビジネスマンになるためには、ＭＢＡの手法が必ず役に立つ。ＭＢＡの手法とは企業活動を最適にするマネジメントの手法だ。ロジックを駆使しながら企業活動を客観的に、そして徹底的に分析し、何をしたら最高の結果を得られるのかについて考え抜く。

また、生々しいケーススタディを使って、実際のビジネスにインパクトを与えるための実践的な経営術についても体で覚えさせられる。そしてまた、これから仕事を進めるうえで標準的な形になるであろう、プロジェクト単位での仕事を、どう効率的かつ効果的に行ったらよいのかについても、グループ単位の学習スタイルから学んでいくのだ。

ここでは、第1章の序として、これから紹介する手法がどのように結びついて、仕事をマネジメントする手法になるのか簡単に紹介しよう。

これらは、あるビジネスマンが、自分で生み出したビジネスのアイデアをプロジェクトとして立ち上げ、それを成功に導くためにどうしたらよいのかといったストーリーに沿って、ＭＢＡ手法を順番に紹介するといった流れになる。そしてまた、プロフェッショナルなビジネスマンになるための心構えについても、あわせて考えてみたいと思う。

■ＭＢＡ手法を使い、ロジカルに考えて、仕事で最高の結果を出す

頭を使ってビジネスのアイデアを生み出し、それを成功確率の高いプロジェクトに仕立て上げ、そして企業価値を高めるために結果を出すのがプロフェッショナルの姿。そのためには、情報を集め、それらを分析し、仮説を構築／検証することで

ビジネスプランを作り、メンバーを動かしながら実際にそのプロジェクトを走らせて目標を達成することが必要になる。

バリバリと仕事を推し進めていくための最初のステップとしては、まずは強力な情報収集の力が必要だ。何もないところから仕事を進めることは、どんな天才だって不可能。考えるための材料として、そして新しい発想を生み出す肥やしとして有益な情報を集めることが必要になる。

しかし、情報収集は実は簡単な作業ではない。また、情報収集にかけられる時間も限られている。よって、最短の時間で最高の情報を手に入れる手法を身につけることが不可欠だ。次項では、このＭＢＡ手法について紹介する。

ただし、役に立つ素晴らしい情報を集めたとしても、それを分析できなければゴミと一緒。ＭＢＡは「事実に基づいた分析がすべての出発点になる」と叩き込まれる。分析手法は山のようにあるのだが、実は核になっている考え方は同じ。つまり「why」（なぜ）と「so what」（それで）を考え抜くということだ。追って、この分析手法についても紹介していこう。

さて、いつでも必要な情報が手に入って、素晴らしい分析ができるとは限らない。実際には、情報が足りなくても答えを出さなければいけないことは多い。また、分析結果をもとにして、実行可能な戦略や新しいアイデアを作り出せなければ、何のために分析をしたのか分からない。

つまり、戦略や新しいアイデアを生み出すためには、単なる分析からさらに一歩踏み込んだ手法が必要になるということだ。具体的には、ロジックを駆使して仮説を構築する力がいるということ。この仮説構築の手法についても、例を使いながら説明していく。

次に、仮説として生み出したアイデアが実際の事業として展開できるかどうか見極めるための検証作業が必要だ。さらなるリサーチや小規模なテストといった作業を使いこなし、アイデアをビジネスプランまで高めていかねばならない。この仮説検証作業についても、具体例を使いながら紹介する。

ビジネスプランはできあがった。となると次はプロジェクトとして、それらを動かす番。そのためには、戦略や新しいアイデアに賛同して、一緒に働いてくれる仲間が必要だ。彼らを説得し、プロジェクトの一員として引き込むためには、コミュニケーションやプレゼンテーションの高い力が求められる。

ＭＢＡでは、これらの点について本当に多くのトレーニングを積まされるのだが、うまく進めるためにはいくつかのコツがある。これらについても、具体的な例を交えながら紹介していこう。

さて、素晴らしい分析や筋の良い仮説をもとにして生み出された戦略や新しいアイデアに賛同してくれるメンバーがそろったら、次に必要なのは各メンバーの力を引き出して、その戦略を遂行する能力だ。

大きなプロジェクトは自分一人では進められない。どうやって各メンバーの強みを引き出して、チームとして最高の結果を出したらよいのかについても、ＭＢＡ手法の使い方を考えてみる。

実際にプロジェクトが走り出すと、多くの意思決定が必要になってくる。その際に、誤った意思決定をしないための技や、意思決定をした後に、結果としてつきまとうリスクとどうやってつき合ったらよいのかについても理解しておかないと、プロジェクトは頓挫してしまう。

また、時として思いどおりに結果が出ない時期を経験することもあるはずだし、長い期間高いモチベーションを保ち続けることはけっして簡単なことではない。これらの実践的な技についても、いくつか紹介していきたい。

■あなたはプロフェッショナルな仕事師になる心構えができているか

以降の項目で紹介する手法をすべて使えるようになれば、それだけで十分にプロフェッショナルな仕事師になることができる。つまり、仕事をマネジメントできる力を持った、結果を出せるビジネスマンになることができる。

問題はあなたにその心構えがあるかどうかだ。

具体的には、プロフェッショナルなビジネスマンとして凄い仕事を成し遂げたいといった強烈な〝渇き〟を持っているかどうかということが重要になる。以降の項目を読むことで、この〝渇き〟が芽生えたとしたら、それはプロフェッショナルなビジネスマンとして飛躍するための第一歩になる。逆に、これがなければ単なる小手先の器用なビジネスマンで終わってしまうということだ。

そしてまた、凄い仕事をするためのマネジメント手法を使いこなすためには、頭を酷使して、徹底的に考え抜く作業が不可欠になってくる。けっして楽しく身につけられるような簡単な代物でない。「何としてでもやり遂げてやる」ぐらいの決意が必要になってくる。

なんとなく会社に育ててもらおうといった気持ちを捨て去って、苦しみながらプロフェッショナルになるトレーニングを日々の仕事をとおして繰り返すことが、必要になってくるということ。それを受け入れるかどうかはあなた次第だ。

2

MBA手法「MECE」の活用で、楽して最高の情報を手に入れよ！

まず最初に、「使える情報」を手に入れないと、仕事ははじまらない。
しかも、限られた時間の中で、最高の情報を。
そのために有効なのが、〝MECE〟という手法。
MECEの徹底活用で、「すばやく、もれなく、ダブりなく」
情報収集する手はずを整えよ！

■情報収集はなかなか骨の折れる作業だ

世の中には膨大な情報が溢れている。インターネットの普及によって、以前では考えられないぐらい簡単に情報が手に入るようになったし、大量の品揃えを誇る書店やオンライン書店も増えた。また、社内ではさまざまなデータベースやナレッジマネジメントが整備されて、サーバーの中には大量の情報が蓄積されている。便利な世の中になったものだ。

ビジネスを進めるうえで、情報は本当に強力な武器になる。例えば、競合他社の知らない情報をもとに独自の戦略を作り上げることによって、優位な立場に立つことができる。また、新しいアイデアやビジネスモデルを生み出すときや、社内の問題点に解決策を見つけ出すための現状分析をする際には、その出発点として、多くの有益な情報が必要になってくる。

ところが、いざというときにその〝使える〟情報がなかなか手に入らずに呆然としてしまうことがよくあるのではないだろうか。

土地勘のある分野の場合は、ネタが多すぎて一体どんな情報を収集したら必要十分なのか見失ってしまい、やたらと無駄な情報をかき集めてしまう。その逆で、得意分野ではない領域では、そもそもどんな情報収集をしたらよいのか迷ってしまって、的外れな情報を集めることに時間を浪費してしまう。

また、調査機関に勤めているビジネスマンでなければ、情報収集に勤務時間の大半を費やすことは許されない。通常の業務をいつもどおり進めながら、短時間で情報収集をしなければならないのだ。よくある失敗例として、とりあえずごちゃごちゃと集めた、使えない情報をてんこ盛りにした資料を作ってしまったりするはめになる。

これではビジネスマン失格だ。

MBAでは、テキストの読み込み、課題として与えられるケース、大量の参考文献、そしてインターネットを使って自分で調べる情報と、膨大な情報を処理することが絶えず求められるので、学生はいつも情報に埋もれている。まともにやっていたらとてもじゃないが終わらない。目の前に積み上がっている情報から必要なものを瞬時に選び出して、それらを加工して成果物を提出することが求められるのだ。

そこでこれから、情報を集める手法として、物事をロジカルかつ効率的に分析するMECEと論点設定という手法について紹介したい。これらを使いこなすことにより、最短の時間で最高の情報が手に入れられるようになるはずだ。

■ＭＥＣＥは、効率的に問題を発見するための枠組み

ＭＥＣＥとは、mutually exclusive collectively exhaustive の４つの頭文字をとったもので、「ミーシー」と発音される。直訳すると「お互いに排他的で、集合的に余すところなく」という意味になる。簡単に言うと、「もれがなく、ダブリもなく」といった考え方だ。分析や問題解決の枠組みとして使われるケースが多く、非常に強力なツールである。

例えば、何か問題があるとする。その問題に対して、思いつきや行き当たりばったりで解決案を出そうとしてもなかなかうまくいかないことが多い。これは、肝心なことについて検討することが抜け落ちていたり、同じような内容をいくつもリストアップしてしまって無駄な時間を費やしてしまったりすることが原因だ。これを解決して、必要かつ十分な情報を集めるのがＭＥＣＥの手法だ。

もっと具体的なイメージとしてＭＥＣＥをとらえてみよう。

目の前に４種類の箱があり、どれかの箱に宝物が入っている。箱の色はそれぞれ

違っていて、赤、青、黄、緑の4色だとしよう。箱の開け方は簡単で、上の扉を開ければよい。最も効率的な宝の見つけ方は、4つの箱を順番にひとつずつ開けていくこと。この方法だと4回箱を開ければ必ず宝物は見つかる。

MECEとは、まさにこの方法そのものだ。一見地味で面倒な作業に見えるが、実は終わってみると最も効率良く宝物を見つけ出す方法だ。

一方で、効率の悪い宝の見つけ方にはどんな方法があるだろうか。目の前に4つの箱があるのに、ひとつの箱だけを何度も何度も開けては閉じて、「あー、宝がない」と嘆く。あるいは、箱を開けるためには上の扉を開けばよいのに横から無理やり開けようとしてみたり、叩いて壊してみようとしたり……。例えば、赤い箱をすでに4回上から開けて宝物がないと分かっているのに、今度は横から無理やりこじ開けて、やっぱり宝はない。それでも次にまた赤い箱を壊してみても、やっぱり宝物は見つからない。もちろん運良く赤い箱に宝物が入っている可能性もあるが、その確率は25%。

それにしても、なぜこんなことになってしまうのだろう。

理由は簡単で、４つの箱があることをしっかりと認識していないからだ。そして上から開ければ中身を確認できることも分かっていないから、横からこじ開けたり、壊したりといった余分な作業をしてしまう。つまり、問題点ではないところに、誤ったアプローチを何度も繰り返してしまっているのだ。情報収集をするときには、こんな非効率的な方法は避けたいものである。

■情報収集にMECEをどう使うのか

さて、ひとつ事例を使い、ＭＥＣＥの手法をどのように情報収集に使ったらよいか考えてみよう。

例えばあなたが担当する部門の主力製品が、最近売り上げが落ちてきているといった問題を抱えているとする。このような問題に直面した場合、どのようなアプローチで情報を集めて分析を行えば、一番の課題が見えてくるのだろうか。

まず簡単に思いつくのが自社の製品に関する分析だ。本来のスペックどおりの製品が生産できているのだろうか、生産の工程に問題はないのだろうかといったことに関して、必要な情報を集めて分析を行うことで、問題点が何か発見できるかもしれない。

しかし、これは赤い箱だけを開けて宝物を見つけるのと同じようなもの。売れない理由が製品の問題だけであるとは必ずしも限らないからだ。とすると、この情報収集と分析だけで問題点を発見できる可能性は低い。

もしも自社の製品自体に問題がないのに、ひたすら時間をかけて問題点のあら探しをしてしまうようなことになったら、それは時間の無駄でしかない。1回開けた箱を、横からこじ開けたり、叩き壊すために時間を使ったりするようなもの。実際には、顧客ニーズの変化が原因なのかもしれないし、競合企業の新製品が影響しているのかもしれない。

他にも箱はあるはずなのだ。

このような場合であれば、マーケティングで実際に使われている、3C（customer：顧客、company：自社製品、competitor：競合他社）の枠組みを使うことで、もれとダブリがないＭＥＣＥの分析ができるようになる。

具体的には、顧客ニーズに関する情報と自社製品の問題点に関する情報、そして競合製品に関する情報を集めて、それぞれについて分析するということだ。

つまり、重要な問題を見落とさないために、３つの箱を開けることが必要なことを、情報収集を始める前にきちんと認識しておくことが肝心なのだ。

この３Ｃの枠組みを使ってＭＥＣＥな情報収集をすることで、問題点が見えてくる確率は飛躍的に高まる。問題を発見するうえで必要な情報の抜けやもれを防ぐことができるからだ。

■慣れるまでは、まずは何でもＭＥＣＥで切ってみる

ＭＥＣＥの分析は、かなり面倒くさい作業だ。ありものの枠組みで対応できる場合は、少しは楽だが、一から自分で考えないといけないことも多く、骨が折れる。頭が慣れるまでの間は相当大変だ。だからこそ最初は気合を入れて、普段からとに

かく何でもＭＥＣＥを意識して考えることが大切である。

題材は何でもよい。日本経済にはどんな問題点があるのかといった壮大な話から、自分の貯金を増やすためにはどうしたらよいかといった身近なことまで。あるいは、新聞や雑誌に書かれている記事がきちんとＭＥＣＥの枠組みで問題点を整理しているのかといったことを批判的に読み込んでみるのもＭＥＣＥを身につけるよい練習になる。

そのうちに、段々と頭が慣れてくる。つまり、無意識のうちに、ＭＥＣＥの枠組みで物事を捉えることができるようになってくるのだ。もちろん、ここまでのレベルに達するには結構な時間がかかるのだが、いったんＭＥＣＥの考え方が身につくと、大事なことを見落として大きな失敗をすることを防げるようになる。

それだけでなく、枠組みで整理した項目の中から重要でないものについてはすぐにカットできるようになって、作業効率を大幅に向上させることもできるようになるのだ。

3

情報収集のコツは「質問設定」術にあり！「なにが」「だれが」「なぜ」「どのくらい」「どうやって」「いつ」——ほしい情報のスペックを洗い出せ

情報収集のターゲットを定めたら、今度はいよいよ具体的に情報を集めなければならない。

そこでポイントとなるのが、「論点設定」という手法だ。

すなわち、自分がどんな情報がほしいのか、論点を明確にし、具体的な質問に置き換えて、情報を集める。これがビジネスにインパクトを与える情報を収集するための手段なのだ！

■論点を設定すると、何をしたらよいのかクリアになる

ＭＥＣＥの手法を使うことで、どんな情報を集めたらよいのかについてきれいに枠組みが整理できたら、次に論点の設定をすることが必要になる。

論点の設定と言うと、ちょっと堅苦しく聞こえるが、実際にはとても簡単な作業である。集めるべき情報を具体的な質問に言い換えることで、明確なアクションに落とし込む作業だ。

例えば、「市場の成長に関する情報収集」といった堅い表現ではなくて、「その市場は今後どれくらい成長しそうなのか」と分かりやすく言い換えれば、実際に進める作業とこれから調べようとする内容に現実感を抱ける。また、質問に答えるためにはどこまで作業をしたらよいのかもクリアになる。

つまり、論点を設定することによって、情報を集める作業はとてもスムーズに進めることができるようになるし、作業時間を大幅に短縮することができるのだ。

■論点の設定とは、具体的な質問に置き換えること

それでは37ページで使った例について再度考えてみよう。

問題は、あなたの部門の主力製品が最近売れなくなったということだった。それ

をMECEの枠組みを使って整理し、問題のひとつの側面として、その製品が顧客のニーズに合わなくなったのではないかということが可能性として考えられた。よって、顧客のニーズに関する情報を集めて分析することが必要なことまでは、理解できたということだった。

しかし、顧客ニーズについての分析を行うといっても内容は広すぎて、非常に漠然としている。これでは、本当に欲しい使える情報を集めるアクションを起こすには不十分。もしもこのまま顧客のニーズについて大量の調査結果を集めたとしても、一体どこまで調べればよいのかゴールが分かっていないだけに、無駄な時間を浪費してしまう可能性が高い。

では具体的にどのような質問に置き換えれば集めるべき情報がクリアになるのか、考えてみよう。

ここでの論点は、①「それまで自社の製品を買っていた顧客のニーズはどのように変化したのか」、②「なぜ彼らのニーズは変化したのか」、といった2点になる。

理由は簡単で、①の「それまで自社の製品を買っていた顧客のニーズはどのように変化したのか」の論点に答えられる情報を集めることができれば、自社製品が売れなくなった理由のひとつが見えてくるからだ。

次に②の「なぜ彼らのニーズは変化したのか」について明確な答えを見つけ出すことができれば、これまで自社製品の顧客だった人々がもう一度戻ってきてくれる可能性があるのかどうかを類推できるようになる。

つまり、顧客のニーズ変化に合わせて何をしたらよいのか、具体的には彼らが戻ってくるのを待つのか、それとも完全に新しい製品に作り変える必要があるのかについて答えを出すということだ。

もしも、①の論点について「実は顧客のニーズは変わっていない」ということが集めた情報から分かれば、②について作業をする必要はなくなるし、売れなくなった原因が顧客ニーズとは関係がないことが分かる。となれば、競合他社との価格差や販売チャネルの相対関係、あるいは自社製品の品質に関する問題などに原因がありそうだと視点を変えることができるのだ。

そして、これらの可能性について、また同じように論点を設定して情報を集めていけば、どこかの段階で原因を突き止められるようになるだろう。

闇雲にただ情報を集めるのではなく、きちんと論点を設定し、何について答えを出すための情報を集めるのか理解しておくことで、このような効率的な情報収集ができるようになるのだ。

ＭＢＡでは、ケーススタディで答えるべき論点が事前に設問として提示されることが多い。そして、それらの論点に答えるためにどのような情報が必要なのかを作業の前に把握しておかないと、膨大なリーディングアサイメントの中に埋もれてしまう。

いくら時間があっても、とてもじゃないが課題は終わらない。言い換えるなら、ゴールは何かをしっかりと理解したうえで、大量の情報からスパっと必要なものを拾い出す作業が求められた。

こういった訓練を積むことで、学生たちは論点設定の重要性を理解していく。そしてまた、自分たちでも、いかにうまく論点を設定して作業を効率的に進めたらよいかについて、学んでいくのだ。

■MECE／論点設定を組み合わせると、こんなに強力だ！

では、前項のMECEによる枠組みと論点設定の手法を使って、具体的にどのように情報収集をしたらよいのかについて、ひとつ事例を使って考えてみよう。

例えばあなたがベビー用品を量販店チャネルに販売する担当者だとする。普段の仕事は、自分の担当する量販店に対してキャンペーン商品を買ってもらったり、与信管理をしたりすることがメインだとする。ところがある日、上司から「ベビー用品のインターネット販売戦略を検討するためにどんなことが必要なのか、1週間で情報を集めて要点をまとめてほしい」と頼まれた。

さあ、上司を唸らせる情報を収集し、ポイントのまとまった資料を作るためには、どのような情報をどのような方法で集めることが必要なのだろうか？

まずはMECEの手法を使って、何について分かっておかなければならないかリストアップしてみよう。マーケティングの世界では、古典的な手法ではあるが、要素を製品（Product）、価格（Price）、チャネル（Place）、販売促進（Promotion）

の４つの枠組みでＭＥＣＥに切る手法が確立されている。これを使うことで、具体的に何について情報を集めたらよいかが明確になる。つまり、各Ｐについて必要十分な情報を収集すればよいわけだ。

ところが、オンライン・ベビー用品販売の４Ｐについて情報を収集するといっても、あまりに焦点がぼやけすぎて、とても１週間で十分なレポートになるとは思えない。そこで論点を絞り、具体的な質問に落とし込むことで情報を集めるためのアクションにつなげられる下準備をすることが必要だ。

今回のような場合、次のような論点設定を行うことで、何を調べたらよいか道筋が見えてくるだろう。

1. （製品）どのようなベビー用品がダイレクト販売で売れそうなのか
2. （価格）店舗での販売と比べて、どの程度の価格差をつけることで売れるのか
3. （チャネル）どのチャネルがベビー用品のダイレクト販売に向いているのか
4. （販売促進）ダイレクト販売では、どのようなプロモーションが有効なのか

次に、具体的な情報を収集するアクションについて考えてみよう。例えば、実際に競合他社がダイレクト販売を行っていれば、その商品ラインアップはカタログやウェブ上をあたってみる。それにより、論点1の「どのようなベビー用品がダイレクト販売で売れそうなのか」について、そして同時に論点2の「店舗での販売と比べてどの程度の価格差をつけることが必要なのか」についても、有益な情報が集められる可能性が高い。

もしも運良くどこかの調査会社が各商品の売り上げまでまとめた資料を公表しているとしたら、何が最も売れているのかについてまで情報を得ることができる。よって、論点1と2に答えを出すことができる度合いはさらに強くなる。

また、競合企業がどのような試行錯誤を経て、あるダイレクト販売を選択するに至ったかについて（例えば、ある時期はコールセンターを利用していたのが、近年はウェブ一本になったなど）、その企業の沿革などから情報を得ることができれば、論点3の「どのチャネルがベビー用品のダイレクト販売に向いているのか」についても基礎情報が得られる。

論点4の「ダイレクト販売では、どのようなプロモーションが有効なのか」については、競合企業のプロモーション活動について調べるだけでなく、ダイレクト販売で成功している他の業界での例を幅広く調べてみてはどうだろうか。

ベビー商品はなかなか差別化が難しい商品でもあり、商品そのものや価格差で競合他社に勝つための戦略を立てるのはかなり骨が折れそうだ。よって、例えば食品や飲料品などの同じような特性を持った商品を扱っている他業界で成功している成功例の情報を集めることで、ダイレクト販売で何をしたら勝てるのかについてのヒントが得られるかもしれない。

以上のようなプロセスで情報収集を行えば、無駄な時間を使わずに有益な情報を手に入れられる。収集作業に入る前に、少しだけ頭を整理することで、あなたの情報収集能力は飛躍的に向上する。

■普段からどんな情報を集めたらよいかについても、MECEと論点設定は使える

最後に、特定の目的のために情報を集めるためだけではなく、普段から自分の仕事にとって有益な情報をどのように集めたらよいかについても考えてみよう。これも、MECE／論点設定の考え方を適用することで、作業効率を格段に良くすることができる。

具体的には、次のような視点で、何について情報収集をしたらよいのかを、論点設定の手法を使って整理してみよう。

●自分の業務はMECEの枠組みで、どのように分解できるのか。
●各業務内容を進めるうえで、どのような情報が自分にとって必要なのか。
◇どのような社内データ／レポートに目をとおしておく必要があるのか。
◇社外のどのような情報を知っておく必要があるのか。

●それらを最も効率良く収集するためには、どんな情報源を使ったらよいのか。

さあ、次はあなたがこのＭＥＣＥ／論点設定の手法を使って、最短の時間で最高の情報を手に入れる番だ。

4

分析！分析！分析！分析！因数分解のテクニックで、プロの分析力を身につけよ！

必要な情報を集めたら、今度はその分析だ。
そこで活用すべき手法がおなじみ「因数分解」。
集めた情報を要素ごとに「分解」し、原因を徹底究明する。
これができれば、情報は確実にあなたのナレッジ——知識になる！

■分析力はこれからのビジネスマンに不可欠なスキル

「仕事とは問題解決そのものだ」と言いたくなるぐらい、現実のビジネスにおいては、毎日多くの問題に直面する。

これまでは、経験を積むことで目の前の問題を解決したり、鋭い勘やビジネスのセンスで問題を乗り切ったりすることができる〝古き良き時代〟だったが、それだけで仕事が完結する時代は終わってしまった。ビジネスを取り巻く状況は、とんでもないスピードで変化していて、過去の経験が使えるような簡単な問題はどんどんと少なくなっている。

また、勘やセンスだけで乗り切れないぐらい直面する問題は複雑になった。もちろん、経験や勘、ビジネスセンスが今でもやっぱり必要なのは言うまでもないのだが、それに加えて精緻な分析ができる能力がないと、これまでに経験したことがない複雑な問題は解けない時代になった。

分析というと、表計算ソフトを使って難解なシミュレーションをするようなイメージを持ってしまうが、実はそれは定量的な分析を進めるうえでのひとつの手法でしかない。事実やロジックを駆使した、数字を使わない定性的な分析もやはり重要な分析のひとつになる。

そもそも、分析とは何のことを指すのか。

結論から言うと、物事の因果関係を把握し、それを問題解決の材料にする作業が分析だ。その意味では、例えば過去の売り上げが販売価格の変更によってどう変化したかについて定量的にまとめるのも分析だし、営業マンのモチベーションがなぜ低下しているのかについて定性的に整理することも分析になる。

ただし、分析をするうえで肝心なのは、作業した内容が問題を解決するために使えるかどうかという点だ。よって、単に数字をグラフにしただけの作業や、過去の事例を羅列しただけのものは分析とは呼べない。

さて、本項では分析をするために必要な、物事を要素ごとに分解して何が原因になっているのかをさぐる因数分解という手法について紹介したい。不確定要素だらけの今の時代に、分析の手法を使いこなして「原因はこれだ」と言い切れるビジネスマンは、どんな仕事をするにしても重宝されるはずだ。なぜなら問題解決ができれば、それだけ成功の確率が高いアクションを起こすことができるようになるのだから。

■分析の基本は因数分解だ

解決しなければならない問題が目の前にある。例えば、さまざまな販売チャネルを使って消費財の商品を販売している企業がここ半年の間に大幅に市場シェアを落としているとしよう。「なるほどひどい落ち込みだ」と思いながら、悲惨な数字を見ていても何も始まらない。そしてまた、「さて、これは派手なキャンペーンを打ってシェアを挽回しなくてはいけない」と、何の根拠もなく結論を出しても、問題解決にはなり得ない。要素ごとに分解しないで、思いつきであれやこれやと考えを巡らすのは時間の無駄でしかないし、その思いつきが成功するかどうかは疑わしいのだ。

ここでは因数分解の手法を使ってシェア落ち込みの原因がどこにあるのかを見つけ出すことが、分析の出発点になる。

因数分解とは、物事を要素ごとに切り分ける手法だ。実際の作業はとてもシンプルで分かりやすく、誰でもすぐに使える手法。例えば定量的な分析の場合は、昔算数の時間で習ったように、足し算と掛け算などを使って要素ごとに分解していく。また、定性的な分析の場合も、数字は使わないのだが、やはり要素に切り分けてどこに問題があるのかをさがし出していく方法を使う。

例えば、生産工程や顧客の購買行動をプロセスに分解するといった分析もある。定量的な因数分解も、定性的な因数分解も、どちらも慣れると手放せないぐらいの、非常に便利な分析ツールだ。

■因数分解は、具体的にはどう使うのか

ではここで、シェアが落ち込んでいる企業を例にとって、具体的にどのように因数分解をしたらよいか考えてみよう。

あなたの会社は生活雑貨を販売している。これまでは順調に実績を上げてきたが、ここ半年間、売り上げの落ち込みが激しく、シェアを10％も落としてしまった。このような状況下で、あなたはどんな分析を行い、問題を解決するための原因を発

見したらよいのだろうか。

まず、どこにシェア落ち込みの原因があるのか分析することが出発点となる。この企業の販売チャネルは、直営店での販売、代理店を通した委託販売、インターネットでのダイレクト販売の３つのチャネルによって構成されている。となれば、チャネルごとに売り上げを切り分けて、どのチャネルがシェア落ち込みの原因になっているのかを把握することがまずは必要だ。

仮に、販売店を通した委託販売とインターネットでのダイレクト販売が順調で、直営店での販売が大幅に落ち込んでいることが分かれば、直営店で巻き返しを図る、あるいはそれが難しいのであれば、代理店とインターネットでの販売を大幅に伸ばしシェアを回復するというアクションについて考え始めることができる。

次に、直営店での巻き返しが具体的なアクションの選択肢になり得るのかという点について考えるためには、直営店の売り上げについて因数分解をする作業が必要になる。

具体的には、競合他社と比べて立地で負けているのか、価格が割高なのか、品揃えが劣っているのか、宣伝や販売促進活動で遅れをとっているのか、それとも店舗スタッフのサービスの質が落ちているのかといった内容について分析をしてみるとよい。こうすることで、何が原因でシェアが落ち込んでいるのかが明らかになってくる。例えば、気がつかない間に、立地以外のいくつかの項目で競合他社に劣っていたということが原因として分かれば、どんな手を打つべきか明確になってくるだろう。

さて、数字でクリアに分解できないソフトな内容の定性的な分析でも、基本的には同じような手法で因数分解ができる。

例えば、顧客の購買行動をプロセスごとに分解してみる場合について、考えてみよう。

購買のプロセスは、①商品が目に留まる、②その商品に興味を持つ、③その商品を欲しいと思う、④その商品を買う動機ができる、⑤実際に買う、といった5つのプロセスに分解できる。自社の商品が売れない原因が、④の動機に関する部分で弱いということが顧客インタビューなどで分かれば、懸賞やポイントなどの販売促進を打つことで買ってもらう確率を高めるアクションを起こせるのだ。

しかし、もしも因数分解をせずに思いつきでアクションを起こしていたとしたら、必要以上に値下げをしたり、広告を打ったりといった的外れなことに余分な費用を使ってしまうことになりかねない。

■「原因はこれだ」と言い切れるところまで分析できたら、深追いは禁物

因数分解は、問題をきれいに整理して、「いったい何が原因なのか」を明らかにする手法だということが理解できただろうか。この技を身につけることで、ビジネスマンに必要な分析力は飛躍的に向上する。そしてまた、堂々めぐりを繰り返しながら的の外れたアクションを起こさないで済むので、仕事を効率的にマネジメントできるようになるのだ。

最後に、因数分解が使えるようになると逆に陥ってしまう罠について簡単に述べたいと思う。結論から言えば、因数分解マニアになりすぎないようにしようという

話である。

因数分解をすることで原因が見えてきているのに、不必要な分析を繰り返して分析マニアになってしまうビジネスマンは意外と多い。

例えば、自社の商品が売れない理由が、市場での競合商品に比べて2割ぐらい割高だからだということが分かったにも関わらず、さらに分解作業を繰り返してしまうような人がいる。では次に、競合5社の製品との比較を、製品の重さごとに分析し、曜日ごとの価格比較を過去1年間分にわたって分析しましょうというような分析マニアは、どの会社にも実はいるはずだ。

もちろん、彼らは的の外れた分析に何日もかけているわけではないのだが、せっかく原因が分かったのにアクションを起こせていない。これでは一体何のために因数分解の手法を使って、素晴らしい分析をしたのか分からなくなってしまう。

確かに、スパっと原因が見えてくる爽快な分析は作業していて楽しいのだが、必要以上にのめり込むのは禁物。「原因はこれだ」と言えるところまで分析できたら、次にやることがまだ山のように待っているのだから。

5

なぜ（why）、だからどうするのか（so what）——分析結果から真の「答え」を引き出せ！洞察力でナレッジを「武器」にせよ！

情報分析だけでは仕事にならない。そこで重要なのが洞察力。分析結果から、「なぜ（why）」、「だからどうするのか（so what）」という問いに対する「答え」を洞察するのだ！

それができれば、分析はすべてあなたのビジネスプランの糧となる！

■原因が分かっても、まだ折り返し地点

問題の原因が分かるのは、体調が悪いときに何の病気にかかっているのかが分かったようなもの。残念ながら、それだけでは調子は良くならない。薬を飲んだり手

術をしたりといった治療をすることで、初めて体調を快復させることができる。ビジネスの世界でも事情は同じだ。つまり、原因が分かったということは、問題を解決する方法にたどり着くための折り返し地点に過ぎないのである。

しかも、ビジネスで問題を解決する場合には自分で治療方法＝解決策を考え出すことが求められる。どんな薬が効くのか、どんな療養をしたらよいのかといったことまで、頭を捻って考え出す必要がある。これはなかなか大変な作業だ。薬の調合や治療方法の開発まで自分でしている医者のようなもので、非常に高い能力が求められる。では、一体どうしたらそんな能力を身につけられるのだろうか。

「なぜ（why）」について執拗なまでに考え抜くことで、問題解決の力を身につけることができるというのがその答えだ。事実や分析結果を見て条件反射のように答えを出すのではなく、まずは原因の背景をえぐり出す。目の前の材料から「なぜ」を抽出して、問題の構造を浮き彫りにする。そして次に、「だからどうするのか（so what）」について考え抜く。

これは、しつこく「なぜ」を繰り返して見えたことをもとに、何をしたらよいのかを考える手法。ここまで激しく頭を使うことで、初めて成功確率の高いアクションを起こす準備ができるのだ。

■〝なぜ〟（why）が見えてくるまで考え抜く

「我々の業界でも競合の数社がインターネットでの直売を大幅に伸ばしています。一方で、当社は店舗での販売に依存しているので売り上げは伸び悩んでいます。よって、これからは当社もインターネット販売に力を入れるべきです」

社内の会議で、販売企画を担当する部門からこのような発表があった。業界内の競合他社が売り上げを伸ばしている原因については、きちんと把握できている。つまり、インターネットが増販を牽引していることが分かっているということ。

パッと聞くと、何となく正しそうな感じがする。しかし、この程度の理由づけでは、成功する確率は低いだろう。「なぜ」の踏み込みがまだまだ甘く、インターネットの必要性に関する根拠がこれでは不十分だ。言い換えるなら「なぜ、この会社でインターネット販売をした場合に売り上げを伸ばすことができるのか」についてのロジックが足りない。

この場合、「なぜ（why）」をしつこいくらいに繰り返すことで、事実の背景にある因果関係を浮き彫りにすることが必要だ。この作業を踏まないと、因果関係はすっきりと整理されない。そして、因果関係が整理されなければ、何をしたらよいのかについても曖昧なままで行き当たりばったりのアクションを起こすことになる。

では、このケースであれば、どのようにして「なぜ」を問う作業をしたらよいのだろうか。

まずは、競合他社がなぜインターネット販売を伸ばすことができたのかについて考えることが必要だ。例えば、インターネットで猛烈に売り上げが伸びている商品に特徴があるとしよう。具体的には、「重くて、かさの張る消費財」が非常によく売れている。

ここで立ち止まって考えてみる。なぜ？

理由は簡単だ。顧客にとって、そのような重くてかさの張る商品を店舗で買うよりは、インターネットで買って配送してもらった方が楽だからだ。つまり、それまで顧客が感じていた面倒臭さをインターネット販売が解決できたので、それらの商品は爆発的に売れるようになったのである。インターネットを販売手段としたこと自体が、販売を伸ばすことにつながった真因ではないのだ。

もう一歩踏み込んで考えてみよう。重くてかさの張る商品を自宅に配送するのであれば、販売方法をインターネットに限らなくてもよいのだが、なぜ競合他社はインターネット販売を選んだのだろうか。これはコスト構造に理由がありそうだ。

つまり、自宅まで商品を配送する費用を捻出するために、店舗運営にかかるコストを削減する必要があったのだ。もちろん、直接販売であればコールセンターを使った方法だってあり得るはずだが、これも人件費がかかるだけに、インターネットほどの低コストで販売することは難しい。よって、結果としてインターネットが販売チャネルの選択肢として残ったわけだ。

ここまで「なぜ」について考え抜いてみると、事実の背景にある因果関係がすっきりと見えてくる。そしてまた、原因を発見するために行った情報収集や分析が、ようやく材料として生きてくるのだ。

勘の良い読者の方であればもうお気づきだと思うが、実は情報収集や原因分析にも、この「なぜ」を抽出する作業は裏で動いている。言い換えるなら、いつでも「なぜ」を意識して情報収集や分析を行うことが必要だということ。そうでないと、いたずらに無駄な情報を集めたり、不必要な分析をしてしまったりすることになってしまう。

■次に、〝だからどうするのか〟(so what)についても考える

「なぜ」が見えて、物事の因果関係がハッキリとしてきた。これで、いよいよ何をしたらよいのかについて考える準備は整ってきた。次は、ここまで考え抜くことで得られた材料を使って、「だからどうするのか」について考えてみよう。そうすることで、成功確率の高いアクションを起こすことができるのだから。

今回のインターネット販売に関する事例では、顧客の面倒臭さを解消することが

競合他社の成功要因だと分かった。自社としても同様に、顧客の面倒臭さを解消して売り上げを伸ばすためにはどうしたらよいのだろうか。

例えば、この会社は競合他社と比べて、多くの商品を持っていることが強みだとする。そして、この商品の品揃えの多さは、顧客からも高く評価されている。しかし一方で、店舗では陳列スペースに限りがあって、いつでもすべての商品が揃っているわけではない。その結果、顧客はいくつかの店舗を回ったり、注文して取り寄せたりすることを余儀なくされていることも多かった。

となると、「だからどうするのか」について、ひとつのアイデアが浮かんでくる。インターネット上で多くの品揃えから顧客が最も欲しい商品を選ぶことができたら、彼らの面倒臭さを解消できるのではないかというアイデアだ。これによって、今まで失っていた販売チャンスを取り戻せるはずだ。

また、コストの面でもインターネットはやはりメリットがありそうだ。店舗で多くの品揃えをするためには、どうしても大量の在庫を抱えてしまうし、死蔵品も増えてしまう。これをインターネットで注文を受ける方法に変えると、在庫管理を集中化することができて、コスト削減もできるはずだ。そして、その削減分で商品価格を値下げできれば、より多く売り上げを伸ばすこともできるのではないか。こうすることで、品揃えが多くしかも低価格という戦略を作り上げることができる。成功確率をさらに上げることができるのだ。

■これで、凄い洞察力が身につく

「なぜ」と「だからどうする」について考え抜き、筋の良いアクションを考えつくことができるようになれたら、ビジネスマンとしての考える力は相当のレベルにまで達している。

ぐちゃぐちゃとしていてややこしい問題に直面したときでも、スパッと鋭い解決案を指摘できるようになる。しかもその指摘は的を射ていて、かつ成功確率が高いものだ。

社内でも、「あいつは凄い洞察力を持っている」と一目置かれる存在になれるだろう。そして、大きな仕事を任され、ビジネスマンとしてさらに成長できるチャンスが広がってくるのだ。

6

情報が足りなくたって、「答え」は出せる！秘訣は、「仮説構築」だ！

現実の仕事では、ほしい情報がすべて手に入ることは絶対にない。
それでも答えを出さなければ、「仕事」は進まない。
では、どうするか。
そんなときこそロジックを駆使して、鋭い仮説を構築する。
『仮説構築が、ビジネス成功のカギだ！』

■必要なデータがすべてあるワケじゃない

前項までは、必要な情報やデータを使って考え抜く方法の基本について説明してきた。普段から考え抜くことを習慣にできるようになれば、問題を解決する能力は飛躍的に向上する。

もちろんここまで到達できれば、プロフェッショナルなビジネスマンとしては相当なレベルなのだが、本項ではさらにその先の上級編テクニックについても紹介したい。具体的には「仮説を作る」、つまり情報やデータが足りない場合にでも、しっかりと考え抜くことで答えを出す方法だ。

最近は情報化が格段に進んでいて、さまざまな情報を気軽に手に入れられるようになったのは確かだが、とはいえ自分が欲しい情報が必ずあるとは限らない。実際には、肝心な情報がないといったケースが非常に多い。新商品の開発をする場合などはその顕著な例である。まだ売ってもいない商品の販売データがあるはずもない（事前に行った顧客アンケート資料はあるだろうが）。

とにかく、やってみないと分からないのだ。こんなときはありものの情報をもとに考え抜き、仮説を作り上げることで、まずは成功確率の高いアイデアを出すことが必要。そして、その仮説が正しかったかどうか検証すればよい。

■ロジックを駆使して「何々のはず」と言い切るのが仮説

仮説構築が大事と謳《うた》った書物が多くなったが、実際に「仮説とは何か」といった内容について語っている本は意外と少ない。社内でも「ひとつの仮説ですが」といった発言をする人も散見されるようになったものの、それが仮説なのかどうか本人も分からないまま使っている。一体仮説とは何なのか、分かったような分からなかったような気分になるものだ。

仮説とは何か、簡単に説明してしまおう。

例えば、「この新商品は売れると思います」という意見があるとする。しかし、これは仮説ではなくて単なる個人的な見解。思いつきや勘と同類でしかない。

一方で仮説とは、「何々なので、何々のはず」という文章に直せる説のことだ。この場合であれば、「これまでに満たされなかった顧客のニーズに応えることができるので、この新商品は売れるはずだと思います」と言えれば、これは仮説になり得る。

つまり、分かっているかぎりの事実に基づき、足りない部分をロジックで補って導き出した、正しい可能性が高い説。１００％正しいとは言い切れないが、論理的にはあり得るシナリオ。これが仮説なのだ。そしてこれは当たり前だが、その説が正しいのかどうかについてはまだ検証されてはいない。だから「仮説」と呼ぶ。

■例を使って、仮説になり得るかどうかのチェックをしてみる

それでは、より具体的で簡単な例を使って仮説とは何か考えてみよう。

あなたが友達と久しぶりに一杯飲もうということになって、夜8時に新宿で待ち合わせをしているとしよう。ところが、8時20分を過ぎてもその友達は現れない。なぜだろうかとあなたは考えてみる。「きっと急に気が変わって、来るのを止めたのだろう」。これは単なる思いつきで仮説ではない。その友達の性格や普段の仕事の仕方といった事実をもとに、ロジックを使って考えた説ではないからだ。

次に「きっと急に体調を崩したか、事故にでもあったのではないか」と考えた。

これも、まだ仮説の一歩手前だ。もちろん、これが正しい可能性があることは否定できないが、ロジックを駆使して考えた仮説とは言いがたい。

そして次に「彼は普段から仕事に対してとても律儀なので、急に入った仕事を片付けようとして遅れてしまっているはず」と考える。これは仮説になり得る。相手の性格や普段の仕事振りといった事実をもとに、ロジックを使って足りない部分を補っているからだ。

もしも相手の性格がこのタイプとは正反対で、「時間にルーズな奴なので、別に意味もなくいつものとおり30分遅れで平然と現れるはず」と考えられるとしたら、これも仮説になる。やはり事実をもとに足りない部分を考えることで補完しているのだ（ただし、こういったタイプと待ち合わせするのも苦痛だろうが）。

次に、ビジネスの世界で考えてみよう。

例えばあなたの会社のある商品が、店頭で売れないといった問題に直面しているとする。そこで、「この商品が売れないのは、店舗スタッフの販売力に問題があるはず」と考える。もちろんこれだけでは仮説にはなり得ない。

しかし、商品の認知度や価格レベルに関しては、問題ないと顧客アンケートで結果が出ている。また、在庫や配送に関するデータを見ても特に問題がなさそうだ。一方で、この商品は顧客に実際に手に取ってもらい、その効果を実感してもらうことで購買に結びつく性格を持っているとする。となれば、適切なアドバイスができていないので、売れていないはずと考えられる。

ここまで事実とロジックで足りない部分を補うことができれば、「この商品が売れないのは、店舗スタッフの販売力に問題があるはず」という説は、十分に仮説になり得る。あとは、実際に店舗スタッフの販売力に問題があるかどうか検証して、もしそれが正しければ必要な対策を打てばよい。

■検証することで仮説はどんどん進化する

普段はあまり意識しないのだが、考えてみると本当のビジネスの世界では仮説をもとにアクションを起こすことが多い。新商品開発、新しいキャンペーンなどなど、それこそ身のまわりに溢れている。そして、それらはすべて仮説なのだと考えると、とても面白いことが分かる。

つまり、新商品を発売する、新しいキャンペーンを展開するといったこと自体が、仮説の検証作業になるということだ。実際にやってみてから、データがなくて足りなかった部分を補い、ロジックが正しかったかについて検証できる。

もちろん単に結果が良ければそれでハッピーだが、そこですべてがOKというわけではない。同様に、もしも結果が悪い方向に出てしまったとしたら、仮説のどこに問題があったのかを検証する必要がある。思いどおりに行かなかった結果から、実はそれまでは気がつかなかった別の正しいロジックがあることを発見できる。

結果に一喜一憂するだけではギャンブルと一緒。せっかく事前にデータや情報を集めて、考え抜いたうえで作り上げた仮説なのだから、有効な検証をしたいものだ。

より具体的に、仮説の検証作業について考えてみよう。

よくPlan（計画）、Do（実行）、See（評価）サイクルの重要性について耳にすることが多いが、この考え方をより噛み砕いてみると、実は仮説を検証する作業について語っていることに気がつく。つまり、Plan（計画）とは、データやロジックをもとにして仮説を作ること。これは新しいプロジェクトであったり、新商品発売であったりと、まだ検証されていないアクションを計画することだ。

そして、それをDo（実行）する。するとその過程で、実際にその仮説が正しかったのかを検証できるだけの情報やデータが手に入る。そして検証する。

さらに、今度は実際に分かった情報やデータをもとにして、さらに仮説を進化させる。これがSee（評価）のプロセスだ。

例えば、新商品を発売する際には、「当初はこのタイプの顧客に売れるはず」と仮説を立てたのだが、実際には違ったタイプの顧客の方がその商品を買ってくれていることが分かったとする。ということは、もともと意図していなかった顧客のニーズを満たすことに成功しているのではないかという新たな仮説が生まれてくる。

これが、仮説が進化するプロセスだ。

そして新たな仮説をもとにして、「では、今後はどうしたらよいのか」について考える。具体的には、広告や販売促進などのマーケティング展開を変更する、あるいは、パッケージの見た目を変えるといったこと。そしてまた、新たな検証作業を始めればよい。

検証作業を通じて分かった内容は、非常に貴重な情報になる。競合他社が知り得ない、あなたの会社だけの情報になるのだ。もしも、仮説を検証するサイクルをしっかりと繰り返し、その度に仮説を進化させることができるならば、それはその企業にとって大きな強みになる。そしてまた、あなたがそのサイクルを回せるだけの仮説検証能力を身につけることができるようになれば、それはビジネスマンとしての絶対的な強みにもなり得るのだ。

7

立てた仮説は、「本番」前に必ず検証せよ！

仮説がいつでも正しいとはかぎらない。となると「本番」前に、事前検証が絶対必要だ。本番のビジネスですら、仮説の構築と検証の繰り返しである。だからこそ、ひとたび仮説をたてたならば、小規模なテストやリサーチを繰り返し、その仮説の成否を必ずチェックして、成功への近道切符を手にせよ！

■仮説を検証して、いよいよビジネスプランへ

仮説構築力は、プロフェッショナルなビジネスマンが身につけておかなければならない、頭を使って考える能力だ。

しかし、これは実際のビジネスとして結果を出すための第一歩。仮説がビジネスプランになり、大きなプロジェクトとして走り始め、そして企業に利益をもたらすようになって初めて価値が生まれる。そのためには仮説を検証することでどんどんと進化させ、インパクトの出せるプロジェクトにまで高めることが必要だ。

前項（第6項）の最後で仮説の検証について簡単に触れたが、実は検証作業はもっと細かく2つのステップに分けることができる。まずは、さらなる情報収集によって、仮説の精度を上げていく作業。例えばリサーチを行ったり、小規模でテストをしてみたりすることで、その仮説が正しかったのか、あるいは実際にはどこが違っていたのかを検証する作業だ。

これらを繰り返していくと、貴重な情報が得られることは前項でも紹介した。具体的には、これまで業界の常識として考えられていた内容をひっくり返すような凄いことが分かって、新しい商品を立ち上げるアイデアを発見するといったようなことだ。

とはいえ、いつまでもリサーチや小規模の検証作業ばかりを繰り返してはいられない。結果を出して初めてビジネスは完結する。かなりの自信が持てるレベルまで仮説が進化したら、今度は次のステップに進むことが必要になる。つまり、実際のビジネスプランやプロジェクトとして本格的に立ち上げるという作業だ。

いくらリサーチや小規模テストで筋の良い仮説にまで進化したとしても、本当にそれがビジネスとして成功するかどうかは実際にはやってみないと分からない。つまり、リスクを取って結果を狙うためのアクションを起こすことになるということ。しかし、これこそがビジネスの醍醐味そのものではないか。

本項では、それぞれのステップで何をすることが必要なのかについて紹介しよう。

■仮説を検証するためには、周到な準備が必要だ

さて、仮説を検証するそもそもの目的は、ロジックを駆使して立てた仮説が正しかったのかを明らかにすることだ。そのためには、仮説の正しさを証明するために、

第3項（41ページ～）で紹介した論点設定の手法を使って、必要な情報をさらに集める作業が必要になってくる。その結果として、社内のデータベースを当たる、新たにリサーチをする、あるいは小規模でテストを行うといった検証作業をすることになる。

事前に頭を使って考えた仮説が、新たな情報から正しいことが証明された場合、次のステップに進むことができる。すなわち、本格展開に向けたビジネスプランを立てて、プロジェクトを走らす準備をするという段階だ。

しかし、いくらロジックを駆使して考えたとしても、いつでも仮説が当たるとはかぎらない（だから仮説なのだ）。

もしも仮説が正しくないと分かったときには、新たな仮説を立てることが必要になる。それも、検証する際に行った情報収集やリサーチ、あるいは小規模でのテストの結果を踏まえて、一体仮説のどこのロジックが違っていたのか考え抜くことが必要になるのだ。

例えば、ある新商品を開発するに当たって、似たような商品に対する顧客ニーズを参考にして、「こんなコンセプトの商品にしたら、顧客のニーズを満たすことができるので、売れるはず」といった仮説を立てたとする。

ところが、実際のテスト販売での結果が芳しくなかったとしよう。つまり仮説が外れたということを想定する。この場合、なぜその商品が顧客のニーズをつかめなかったのか、あるいはどこを改善すれば、ニーズに応える商品になるのかという情報があれば、この仮説を進化させることができる。

例えば、価格設定やデザインといった項目について検証作業を通じて実際に顧客の意見を集めることができれば、次のレベルの仮説を立てられるということだ。逆に、単に結果として売れなかったことしか分からないとしたら、これはもはや検証作業とは呼べない。労力の無駄使い以外の何物でもないのだ。

リサーチや小規模テストは、事前に頭を使って周到に準備をしないといけない。世の中には何の仮説もなくだらだらと不必要なことまで調べる調査があるが、これはプロフェッショナルなビジネスマンが最もしてはいけないことだ。

繰り返しになるが、最終的な目的は、ビジネスプランをもとに実際にプロジェクトを走らせて結果を出すこと。よって、仮説を作り、検証するための時間はできるだけ効率的に短い時間で済ませたいものだ。

■具体例を使って、仮説検証作業の感覚をつかむ

それではここで具体的な例を使って考えてみよう。

あなたは洋服チェーンの新商品開発担当者で、次のシーズンに向けた新作の準備をしているとする。事前の調査や分析から、若者向けの新商品を開発した。これまでになかったデザインで、機能性にも富んでいて、価格も安い。彼らにとって重要なニーズを満たしているので売れるはずという仮説をもとに、一部の店舗でテスト販売を行った。今は、次のステップに向けてテスト販売結果の分析を始めるところだとしよう。

テスト販売の結果を見ると、ターゲットとしていた若者セグメントが期待どおりに新商品を買ってくれていることが分かった。

アンケート結果からも、デザイン、機能性、価格のすべてにおいて満足度が高く、それらが購買の理由になっていたことも分かったとする。ここまでくれば、仮説の正しさが証明されたことになるし、実際のビジネス展開に向けた準備が整ったと結論づけられる。

ところが、テスト販売の購買データを見ると、実は非常に興味深いことが起こっていることが分かった。実際には若者だけでなく、もっと上の年代の人もその新商品を買っている。これは仮説が進化する大きなチャンスだ。もちろん、若者向け商品と位置づけて、それにあったビジネスプランを立てて、プロジェクトとして走らせることは可能なのだが、せっかくだからもう一歩踏み込んでみたい。

つまり、高い年齢層に買われている理由はなぜか、さらに分析を行うという作業だ。実際に、購買者に対するアンケートで調べてみると、価格と機能性が中高年層のニーズにも応えていたことが分かった。また、新商品のデザインについても、彼らが着ても不自然でないし、何よりも適度に若向きであるところが気に入っているとのこと。確かに新商品で採用した、最近若者の間で好まれている色使いは、もっと上の代から気に入られてもおかしくない。

この例から得られる示唆は何だろうか。

そう、仮説を検証することで、新商品が若者に受け入れられるという確証を得ただけでなく、新たなビジネスの機会も発見したということだ。

この服は、幅広い年齢層で売れるのだ。となれば、若年層という狭いセグメントだけにこだわることなく、幅広い層に売るという目的を達成するためのビジネスプランを作り、早速プロジェクトとして立ち上げることが急務になってくる。

■あとはプロジェクトとしてスタートさせる意思決定が必要だ

さて、リサーチや小規模のテストの結果、仮説が正しかったことが証明され、さらに新たな発見によって、これまでに考えつかなかったビジネスが展開できそうになったとする。

そうなったら次は、実際にビジネスプランを書いて、プロジェクトとして本格的にスタートする。視点を変えれば、このプロジェクトで事業展開することも大規模の仮説検証作業と考えられる。限られた条件の下で正しいと証明された仮説が大規模でも本当に正しいのかについて検証する作業だ。もしもその仮説が正しければ、結果として企業は収益を手に入れる。一方で、仮説が外れたとしたら、企業は損をする。

しかしながら、巨額の投資が伴う事業を単なる仮説の証明作業と考えるのはあまりにも無責任な感じがしてしまうし、筆者もこのような意見には実は反対だ。プロジェクトでの事業展開は、しっかりと収益を上げて企業価値を高めていくための大事な活動で、検証作業というような気軽なニュアンスとは意味合いが違う。

いったん走り出したら、何が何でも目標を達成しなければならない厳しさが伴うし、目まぐるしく変わっていく日々の局面を見極めながら、どんどんとプロジェクトを進化させていくことから逃れられない。考えもしなかったことも次々と起こる。しかも、それぞれの場面でリスクを取って意思決定をしなければならない。

プロジェクトをスタートさせるという意思決定をするためには、一体何が必要なのか。

結論から言うと、単なる仮説が検証作業によって現実的にビジネスとして展開できるという確信が得られるレベルに達したら、ゴーサインを出すタイミングであるということだ。そしてまた、仮説検証によって発見したビジネスの種が、巨大なチャンスとして成長する可能性があるのであれば、リスクを取ってでもプロジェクトをスタートさせる価値はある。

仮説検証の素晴らしいところは「検証を行うことによって、自らの手で機を熟させることができる」ということ。自分からビジネスチャンスを見つけて、それを成功確率の高いプロジェクトに仕立て上げることが、プロフェッショナルなビジネスマンには必要な力だ。ぜひともこの力を手に入れたいものだ。

8

いよいよプロジェクト始動。成功するチームづくりは、「One to One マーケティング」手法を使って、「ベストメンバー」を集めるところから始まる！

さあ、いよいよプロジェクトが動き出す。

次に待つのは、プロジェクトチームの結成だ。

優秀なメンバーと協力者を集めるにはどうすればいい？

一人ひとりの人間を説得し、感動させる「One to One マーケティング」手法の活用で、社内外でプレゼンテーションやコミュニケーションを繰り返し、ベストメンバーと協力者を結集させよう！

■相手を感動させるプレゼンテーション／コミュニケーションはなぜ必要か

さあ、どんなアクションを起こしたらよいかが見えてきた。必要なデータや情報を集め、それらを鋭く分析し、そして洞察力や仮説構築の技を駆使できるようになれば、何をしたらよいのか答えが分かる。つまり考え抜く力が身につけば、アクションを起こすための準備段階まではたどり着けるようになるということである。

ところが、プロフェッショナルなビジネスマンになるためには、次のステップが待っている。そう、「結果を出す」ためのプロセスが待っているのだ。

アクションを起こすためには、まず最初に何が必要なのだろうか。答えは明白で、仲間を作ることだ。仕事のすべてを一人で切り盛りすることはどんなに凄いビジネスマンだってできやしない。一緒に働いてくれたり、助言をしてくれたり、作業を手伝ってくれたりする仲間がいないと、どんなに考え抜かれた素晴らしいアクションプランであっても絵に描いた餅で終わってしまう。

そして、仲間を作るために必要不可欠なのは、「この人のために働きたい」と思わせるだけのプレゼンテーション能力やコミュニケーション能力だ。考え抜かれた成功確率の高いアクションを相手が感動するぐらいに素晴らしく伝えないと相手は動いてくれない。

逆にそれができれば、あなたに賛同して力になってくれる仲間は自然と増えてくる。ここまできてあなたの頭の中にあったアイデアが、いよいよ現実のものとして動き出すのだ。

本項では、プレゼンテーションやコミュニケーションをうまく使って、相手に感動を与え、そして仲間になってもらう方法について紹介したい。そのためのMBA手法としてOne to Oneマーケティングについて考えてみよう。併せて、プロフェッショナルなビジネスマンとして身につけておくべき、基本的なテクニックについても紹介したい。

体を動かす実践的な手法を、ぜひとも体得しようではないか。

■One to Oneマーケティングがプレゼンテーション／コミュニケーションの基本

One to Oneマーケティングとは、異なるニーズを持つ一人ひとりの顧客に、個別に異なった対応をすることで販売に結びつけていくマーケティングの手法だ。典型的な顧客像を想定してメッセージを発信するマスマーケティングの手法や年齢や性別などによって切り分けたセグメントにマーケティングを行う手法よりも、さらに進化したマーケティング手法。一人の顧客の満足度を最大限に高めて、結果として物やサービスを購入してもらうことを目的としている。

具体的には、その顧客の過去の購買履歴や、営業活動でコンタクトした際の反応、あるいはどんな商品に興味があるかといった詳細な情報をもとにして仮説を立て、その顧客にピッタリの商品やサービスをお勧めする。相手は一人。その相手にとって気持ちの良いところをピンポイントに攻めることで反応してもらうことが、One to Oneマーケティングの根源的な考え方だ。かゆい所に手が届くマーケティング手法とも言えるかもしれない。

満足して商品やサービスを購入してくれた顧客は、その企業に対するロイヤリティが上がる。自分をよく理解してくれて、本当に欲しい商品やサービスを提供してくれるのだから、その企業のファンである度合いが強くなるのは当然の話だ。

もちろん、これは企業にとってもメリットがある。一人の顧客から得られる売り上げを増やすことによって、効率的な販売活動を推し進めることができるからだ。

では次に、このOne to Oneマーケティングの手法をどのようにプレゼンテーションやコミュニケーションに当てはめていったらよいか、例を交えながら考えてみよう。

■あなたを支持してくれる仲間を集める

プレゼンテーションというと、〝パワーポイント〟で美しいスライドを書いて、理路整然とクールに行うといったイメージがあるが、これは誤った認識だ。もちろん、筆者はコンサルティングファームに勤めた経験があるので、完成度の高いスライドを使ったプレゼンテーションの威力は知っているが、いざとなれば丸腰だって素晴らしいプレゼンテーションはできる。つまり、プレゼン資料はあくまで相手を説得するための道具でしかないということ。肝心なのは、相手を感動させ、「この人のためならひと肌脱いであげようじゃないか」と思ってもらうことなのだ。One to Oneマーケティングの手法を使えば、どんな手段を使おうが、それができるようになる。

では、具体的な例を使って考えてみよう。

あなたが、自社商品について新しい販売方法を考えついたとしよう。これまで満たされていなかった顧客のニーズを満たせる、成功確率の高い方法だ。必要な情報を集めて分析を行い、かなりの販売ポテンシャルがあることが分かった。顧客ニーズを満たせるという仮説も、データをもとに考え抜いたおかげでロジックがしっかりしている。そして何よりも、これまでどの競合他社も始めていないまったく新しい販売方法。あなたにとって非常にやりがいのあるプロジェクトだ。

しかし、このプロジェクトを進めるにはシステム部の協力が不可欠だ。よってあなたは、システム部の主要メンバーに対してプレゼンする機会をもらった。

さて、One to Oneマーケティングの手法を駆使して、一体どのようなことに気をつけながらプレゼンをしたらよいのだろうか。

まずは、誰を感動させたらよいのか、つまり誰に賛同してもらってプロジェクトに協力する約束を取りつけるのか決めないといけない。この場合、意思決定権を持っているのはシステム部長としよう。そして彼の強力なリーダーシップの下、システム部の主要メンバーは彼が指示を出すと一枚岩で動く。となれば、ターゲットは決まった。このシステム部長を落とすことが、今回のプレゼンテーションのゴールだ。

次に考えないといけないのは、どんなことを言えばシステム部長が賛同してくれるのかということだ。どうすれば彼を気持ち良くさせることができるのか。つまり仕事上で彼はどんなことをしたいと思っているのか、どんな仕事であれば高いモチベーションを持ち、自ら進んで協力してくれるのか考えることが必要だ。

事前の下調べで分かっているのは、彼が会社全体の収益以上に、システム部でどれだけ革新的なことができるかということに関心があるかということ。しかも、自分の部下たちに、システムのプロとして成長できる機会を多く与えたいと普段から考えているということだ。

ここまでシステム部長のニーズが分かれば、プレゼンテーションは非常に進めやすくなる。あなたは、数十枚のスライドから関連する数枚だけを抜き出して説明すればよい。そして、足りない部分は口頭で説明すればよいのだ。

要するに、このプレゼンテーションでシステム部長にアピールしないといけないのは「このプロジェクトが、いかに革新的なのか」そして「この革新的なプロジェクトに参画してもらえれば、どれだけシステム部のスタッフが成長できるのか」という2点。全体の背景や、収益シミュレーションなどは、割愛してしまっても構わない。だらだらと興味がないスライドを説明しても、彼を動かすことはできないからだ。

そして、やっぱり最後は熱意が必要だ。

いくら論理的に納得したとしても、気持ちが高まってくれなければ、相手は動いてくれない。今回の例であれば、「システム部の協力が絶対に必要なのです」というあなたの気持ちが伝わり「この人のためならひと肌脱いであげようじゃないか」とシステム部長に思わせることができて初めて成功と言える。

そのためには、自分がこのプロジェクトに対して持っている熱意を素直に相手にぶつけよう。そう、何よりもこのプロジェクトはあなたの子供のようなものなのだ。本当にどうしようもなく可愛い。その熱い思いを相手に伝えることができれば、きっと同じ気持ちを共有してもらえるはずだ。

■結論から入る方法は、まずは抑えておくべきテクニック

相手を感動させ、自分の賛同者になってもらうために行うOne to Oneマーケティングの手法を使ったプレゼンテーションは、実は一対一のコミュニケーションと一緒だということに気がついただろうか。つまり、どちらも根っこになる考え方は同じ。相手に満足してもらうため、情報を取捨選択して伝えるということ。普段からこの癖をつけるだけで、あなたのビジネスマンとしてのプレゼンテーション／コミュニケーション能力は、大幅にアップする。

ところで最後に、ぜひともご紹介したいプレゼンテーション／コミュニケーションのテクニックがある。それは、どんな話をするときにも、必ず結論から話すというテクニックだ。

単刀直入に、「結論から言いますと、こういうことです。なぜならこういったことが理由として挙げられるからです。その背景として……」といったように、とにかくズバっと切り込んでいく。そして、なぜそう考えるのかについて、しっかりと

ロジカルに説明する。

感動を伝えたい相手にいつでも時間があるわけではない。偶然その相手と廊下ですれ違って、3分間の立ち話で要点を伝えなければならない場合だってある。また、会議であなたのパートに与えられた時間が急遽5分に短縮されてしまうことだってあり得る話だ。そんなときにぐだぐだと背景から説明していたとしたら、肝心なことは何も伝わらない。

逆に、たった数分であっても、あなたが切り出す結論にインパクトがあって、相手の興味を引き出せることができるのであれば、きっとまた別の機会を早々に設けてもらえるはず。

「時間がなかったから、アクションを起こすために必要な仲間を集められなかった」といった最悪のシナリオを避けるためにも、ぜひとも普段からこのテクニックを身につける練習をすることをお勧めしたい。

9

チームとメンバーの能力を「テコの原理」で何倍にも拡大する「レバレッジ戦略」で、プロジェクトの成功をつかめ！

いくら優秀なメンバーを集めても、お互いの長所を生かし、チーム力を何倍にも高めなければ、成功はつかめない。

MBAの重要手法「レバレッジ」を活用し、小さな力で大きな石を動かすように、メンバーの潜在能力を顕在化させせよ！

■ひとりではプロジェクトを動かせない

いよいよ、頭の中で仮説でしかなかったアイデアが現実のものとして動き出す。アイデアに賛同してくれた仲間も集まった。他部門の協力も仰げそうだ。まさに、プロジェクト開始に向けての準備は着々と進んでいる。あとは実際にスタートを待つだけだ。

しかし、ここでひとつの問題に直面する。これまでプロジェクトは紙の上でしか存在しなかったので、あなた一人で面倒を見ることができた。ところが、実際にプロジェクトを走り出させるためには、多数のメンバーの力が必要だ。そして、うまくメンバーの力を引き出すことができないと、結果はついてこない。プロジェクトが現実化した時点で、それはもはやあなた一人では動かせない、巨大で厄介な代物に成長している。

本項では、プロジェクトに関わるメンバーの力を引き出す「レバレッジ」＝テコの力を紹介したい。これは、限られた資源や強みをうまく活用し、最大の効果を発揮するためのテクニックで、まさにテコの原理を応用した考え方。

ＭＢＡでは戦略論や企業財務などで、このレバレッジという考え方がちょくちょく顔を出す。また、クラスの中だけでなく、普段の会話でも使われるいかにもＭＢＡ的な発想でもあり、プロフェッショナルなビジネスマンとして、ぜひとも身につけておきたい技だ。

■レバレッジ戦略は、テコの原理を応用して力を引き出す手法

戦略論では、競合他社よりも優れている自社の強みを武器にして戦う戦略が〝レバレッジ戦略〟として定義される。

例えば、あなたの企業が他社よりもブランド力で勝っている場合、これを前面に押し出してマーケティングを行えば販売面で勝てる可能性が高くなる。強みには他にもいろいろなものが考えられ、例えばコスト競争力や、商品の品質、特定の地域での店舗ネットワークといったものも挙げられる。とにかく、その企業が競合他社よりも優れているものが武器として使える強みになるということだ。

簡単に言ってしまえば、レバレッジ戦略とは、「他の人が持っていない武器を使って有利に戦いを進めましょう」という、少々ずるがしこい考え方である。他社がその武器をもっていないので、その武器の力を最大限に発揮する。まさに、テコの

原理の要領で、その武器の力を数倍有効に活用できるというわけだ。

また企業財務にも、財務レバレッジという考え方がある。これは自己資本では足りない資金ニーズを、借り入れによってまかなうという考え方だ。

例えば、自己資本だけを使うと10億円規模の事業しか展開できないが、銀行から資金を借り入れることができれば、20億円規模の事業まで拡大できるといったケースがある。自己資本の10億円を元手にして、2倍の規模の事業を展開するという、テコの力を応用した財務戦略だ。さらに、うまく事業が収益を生み出すようになれば、株主への収益還元率（ＲＯＥ＝株主資本収益率）を高めることもできるようになり、一石二鳥の技。これもまさに、テコの力そのものだ。

要するに、レバレッジ戦略とは2つの考え方で構成されている。

まずは、限られた自社の資源や強みをうまく活用して、最大の効果を発揮するための施策を打つ。これはまさにテコの力を応用した考え方だ。そして次に、自社(自分)に足りない部分は積極的に誰かの力を借りてしまおうといった考え方がある。

これは複数のメンバーの能力を引き出してプロジェクトを回すためにはぜひとも必

要な技になる。

■チームで仕事を進めるためには、メンバーの能力をレバレッジすることが必要

さて、あなたが営業支援システムの開発プロジェクト責任者に任命されたとしよう。具体的には支店の営業マンが通常の業務を効率的に進めるために自分の担当地域の実績を簡単に参照したり、顧客への提案書などの必要な書類を簡単に取り出せたりできるシステムを開発することがプロジェクトの主たる目的だ。あなたには営業マンとして支店で働いた経験があり、どんなメニューが必要なのかについては土地勘がある。

ところが一方で、そういったメニューをどのようなシステムで構成したらよいのか、例えばデータのやり取りはどのように行ったらよいかについてはよく分からない。また、このような情報共有システムで、どうやって新鮮な情報を維持していったらよいのかといった運営方法についても未知の領域。当然のことながら、プロ

ジェクト全体の仕事をすべて一人で取り仕切るのはとても無理だ。この場合であれば、システムについてよく知っている他のメンバーの知識と経験をうまくレバレッジしなければ、いつになってもプロジェクトは動いていかない。

他のメンバーの知識や経験をレバレッジするとは、具体的にはどうしたらよいのだろうか。

彼らが知っていることをすべて引き出して、それをあなたが吸収することなのだろうか。答えはノーだ。自分にない部分は積極的に彼らに任せる必要がある。経験や知識という彼らの強みを引き出してプロジェクトをどんどん前に進めるためには、自分で付加価値が付けられない部分は委譲してやってもらう。

この場合のあなたの役割は、彼らに対してプロジェクトの目的に合ったシステムを構築してもらうことだ。そして、自分の営業マンの経験からどんな情報が欲しいのかについて彼らに伝え、それがどこまでシステム化できるのかについて一緒に検討することだ。システム面での細かな指示が出せるはずもない。そこは任せてお願いする。そして、頻繁にコミュニケーションを行いながら、彼らの作業がプロジェクトの本来の目的に合っているのか逐次チェックすればよいのだ。

また、レバレッジするのは単に知識や業務経験だけではない。各メンバーのスキルについても同じ視点で考える必要がある。

例えば、あなたには必要な情報を集めて切れ味のある分析ができる力があるが、それらをもとにして新しいビジネスのアイデアがひらめく能力は必ずしも高くないとする。一方で、材料さえそろえば、素晴らしい発想を次から次へとひねり出すメンバーがいるとしよう。

この場合、彼らとの仕事の進め方は、あなたがきちんと考えるための材料をそろえ、彼らがアイデアを出す。そして、そのアイデアを整理してビジネスプランの仮説まで昇華させ、そして実際にどこまで現実的に成功するのかを検証するのがあなたの役目になる。

お互いの強みを上手く引き出しあうことで、チームとして最大限の力を発揮できるようになる。各メンバーの潜在能力は余すところなく使い切る。そして、そのシナジーを引き出せるような仕事の進め方について工夫をすることが不可欠だ。

メンバーの力を足し算としてではなく、掛け算として使い切るのがレバレッジの考え方。なんてエキサイティングな仕事の進め方なのだろう。

■レバレッジ戦略は、さまざまな場面で応用できる

ところで、このレバレッジという考え方は、仕事やそれ以外のさまざまな場面で応用できる。そしていくつかについては、これまで意識しないでやっていたことも含まれている。最後にそれらを紹介して、普段からこのレバレッジの技を使いこなせるようにすることをお勧めしたい。

実は、本を読むということは、レバレッジという行為そのものだということを普段から意識しているだろうか。世の中には大量の書物が存在していて、それぞれの著者が膨大な時間をかけてまとめた内容が惜し気もなく紹介されている。これらをうまくレバレッジしないのはもったいない話だ。

例えば何かについて考えるとき、何もないところからすべて自分で考えるのでは

なく、まずは関連する書物から考え方を吸収してしまう。そして、そこで紹介された内容を土台にして、自分の考えを構築していけばよい。これは、自分に足りない部分は積極的に誰かの力を借りるといったまさにレバレッジの考え方だ。

普段から「この足りない部分をレバレッジできる本を探そう」と意識することができれば、書物からの情報収集力を、今よりも数倍アップさせることができるようになる。

また、いろいろな人と話をして考え方をいただく、というのもレバレッジの手法の応用だ。これはプロジェクトで一緒に働くメンバーに限らない。他業界で働く友人や家族から、あなたがそれまで思いもよらなかった考えを引き出すことだってできる。

そしてこれは、仕事のアイデアだけに留まるのではなく、価値観や人生観といった内容まで広がり得る可能性を秘めている。誰かのちょっとした一言が、あなたの人生を左右するぐらいの影響力を持つといったことは、珍しい話ではない。ぜひとも多くの人と交流する機会は持ち続けたいものだ。

10

シナリオ分析でリスクをマネジメントする！危機を回避し、チャンスをつかむのが「リスク」とのつき合い方だ！

「リスク」をどう取るかが、ビジネスの本質だ。目の前のリスク――不確定要素が、危機となるのかチャンスとなるのかは、あなた次第。危機に陥るか、チャンスをつかめるか。進行中のビジネスがどちらに進んでいるのか、過去・いま・未来の流れを読み取る「シナリオ分析」が成否を分ける。

■どんなビジネスにも、必ずリスクは存在する

どんなに考え抜かれた成功確率が高い事業であっても、それが絶対に成功するとは限らない。飛ぶ鳥を落とす勢いだった低価格ファストフードであっても、突然の

ＢＳＥ（狂牛病）騒ぎで市場全体がしぼんでしまっては、売り上げの低下を止めることは困難だし、季節商品の消費財はやっぱり暑さ寒さに売り上げが大きく左右される。他社にない強みをレバレッジして、市場での絶対的な地位を築いていた商品でさえも、競合企業が画期的な新製品を出すことで首位の座を明け渡してしまう可能性だって十分あり得る。

要するに、ビジネスにはリスクはつきものだということ。よって、利益を得るためには、そのビジネスにリスクがあることをきちんと認識しておく必要がある。いわゆる「リスクを取ってリターンを得る」という考え方だ。

リスクを取ると書くと、まるで全財産を賭けてギャンブルをするような感じを受けてしまうが、実際にはそんな危険な話ではない。結論から言ってしまうと、リスクとは自社ではコントロールできない不確定要素のことだ。市場の成長、天候、競合の反応、顧客ニーズの変化など、自社ではどうにもならないことを指している。よって、このようなリスクについて、しっかりと把握しておくことが必要になってくる。そして、ある不確定要素が、自分たちの想定と違った方向に振れたときに、瞬時に意思決定して戦略の方向転換をすることがリスクとのつき合い方なのだ。

ＭＢＡではシナリオ分析という手法について折に触れて学ぶ。

ビジネスを行う際に、意思決定すべき内容と不確定要素を切り離して、いくつかのシナリオを事前に把握しておくといった手法だ。これによって、ある事業を行うときにどのようなリスクをとればどの程度のリターンを手に入れられるのか試算できるようになる。本項では、その手法について紹介しよう。

■どんなリスクがあるのか明確にするのがシナリオ分析

シナリオ分析のそもそもの目的は、ビジネスでの意思決定にどのようなリスクが伴うのかを明確にし、いざというときに対応できるように準備しておくことだ。

具体的には、どのようなシナリオがあり得るのかを考える際に、まずは意思決定する内容と、不確定要素を分解して把握することが作業の基本になる。

例えば、ある商品の値下げをするという意思決定をした場合、まずはそれに伴う不確定要素の可能性を考える。要するに、競合が対抗するという可能性と、対抗しないという可能性があるのだ。

また、単に不確定要素を把握するだけではなく、その可能性についても試算しておく。例えば、このケースで過去の競合の反応から予想して、対抗してくる可能性が40％、何もしてこない可能性が60％といった具合だ。

そして次に、競合が何もしてこなかった場合、自社としては次の一手として、どのような意思決定を行うのかといったことについても考える。同様に、競合が対抗してきた場合にはどのような意思決定を行うのかについても考えておかなければならない。

このように、意思決定する内容と不確定要素を樹形図のように組み合わせると、新規事業や既存事業での方向転換に関して、いくつかの起こり得るシナリオをリストアップすることができ、それぞれのシナリオについてどの程度の確率で起こり得るのかについて予測できる。また、どのシナリオが起こったときにどれくらいの利益を手にできるのかについても、事前に把握することが可能だ。

そしてこの2つを組み合わせると、一体この新規事業や既存事業での方向転換から、どれくらいのリターンの期待値を得られるのかについても定量的に把握できる。このように、きわめて優れものの手法なのだ。

■新商品発売には、どんなリスクが伴うのか

さて、ここでひとつ事例を使ってシナリオ分析の具体的な使い方を見てみよう。

あなたがあるコーヒーチェーンの新商品開発を担当しているとする。数カ月間の準備期間を経て、いよいよ新しいフレーバーのコーヒーを発売することになった。事前に綿密な調査や分析を行ったし、小規模のテストマーケティングも好感触だった。成功する確率が高いと自信を持っている新商品、今後あなたの会社の柱になる商品として期待されている。そして、そのための大々的なキャンペーンも企画されている。やりがいのある大きな仕事だ。

ところが、何もかもがすべて思ったとおりにうまくいくとはかぎらない。

この成功確率が高そうな新規商品であっても、必ずやリスクは存在する。それでは、この新商品立ち上げプロジェクトに潜んでいる不確定要素と、今後予想される意思決定の内容についてリストアップしてみよう。

まずは顧客の反応に関する不確定要素が存在することを理解しておかなければならない。具体的には、新しいフレーバーのコーヒーが、実際には顧客から受け入れられないといったことだって起こり得るシナリオだ。たとえテストマーケティングでうまく行ったとしても、それが目論見（もくろみ）どおりに、全国規模で受け入れられるとはかぎらない。この場合はフレーバーを変えるかどうかといった意思決定をすることが必要になってくる。

つまり、立ち上げ当初の売上推移次第では、この意思決定をすぐさま求められるということを事前に把握しておくことが必要だということだ。もしも、フレーバーの変更がまったくできないような生産体制を敷いてしまっていたら、この新商品が破綻するリスクは非常に大きくなる。

次に競合のアクションについても不確定要素が存在する。似たようなタイプの商品をすぐに発売して追いついてくるシナリオや、あるいはその反対に何もしないで静観するといったシナリオがあり得る。

仮に競合他社がすぐさま似たような商品を発売してきたとしたら、あなたの会社はどのように対処したらよいのだろうか。

意思決定すべき内容としては、先行して市場に参入した強みをもとに、ブランドを強化したマーケティング活動を展開するのか。あるいは、価格で対抗するのか。それとも品質を高めてその競合商品と差別化をするのか。いずれにせよ、何かしらの意思決定をする必要があることを事前に把握しておくことができれば、柔軟性の高い生産体制や販売体制を敷くことができるはずだ。

そして次に、ある程度この新しいフレーバーのコーヒーが市場で受け入れられるようになったとしても、フレーバーコーヒーの市場自体が思ったように成長しないシナリオだって起こり得る。つまり、市場の成長に関する不確定要素が存在するということだ。

この場合、この新フレーバーコーヒーに対して、どこまで資本を投下するのかについて意思決定が必要になってくる。それまでに確保していた予算を、他の商品に振り分けるといった意思決定をしなければならないかもしれない。

逆に、この市場が予想をはるかに超える勢いで成長していった場合、すぐさま予算を増やして投資のスピードを加速させないと、販売機会を失ってしまう。いずれにせよ、迅速な意思決定が求められるということだ。

■不確定要素が予想と反対に動いたときに、どう対処するかが肝心

シナリオ分析は、不確定要素というリスクとつき合いながら、ビジネスの局面で適切な意思決定を行うことができる強力なツールだということが理解できただろうか。ところが、この素晴らしいツールも使い方を誤ると、本末転倒な事態を招いてしまうことがある。

それでは最後に、シナリオ分析をする際に、どんなことに気をつけたらよいのかについて、いくつか紹介したい。

まずは、単なるシナリオ分析オタクにならないことが大切だ。シナリオ分析に慣れてくると、やたらといろいろなシナリオを考え出しては、それらを樹形図に落として定量化したくなる。分析はそれ自体楽しい作業だし、特にシナリオ分析は知的好奇心がくすぐられる分析だからだ。結果として、詳細なシナリオ分析をすること自体が目的になってしまうといった本末転倒な事態に陥りかねない。

このような失敗を避けるためにも、シナリオ分析はできるだけシンプルな形にする必要がある。具体的には、不確定要素と意思決定はその事業の成否を左右する本当に影響度の高いものだけに留めるということだ。

そしてもっと大切なのは、不確定要素が想定していた方向と反対に振れた場合に、迅速にアクションを起こすということ。すでに起こってしまったことは仕方がない。「どう客観的に考えてもこちらのシナリオの方が、起こる可能性が高かったのに」と嘆いて時間を浪費しても何も始まらないのだ。

この場合、次の一手を早く打って被害を最小限に止めることが、まずはやらなければいけないこと。そもそもシナリオ分析とは、不確定要素がどちらに振れても対策が取れるように、事前に起こり得るシナリオをリストアップして把握しておくことが目的なのだ。この目的を履き違えずにしっかりと理解しておくことができれば、シナリオ分析はビジネスの成功確率を高められる、強力な武器になるのだ。

11

「楽観」と「現状維持」という「偏見ーバイアス」が、あなたの意思決定を誤らせる！

ビジネスとは意思決定の連続である。決断なしに仕事は進まない。ところが、往々にして間違った意思決定でプロジェクトが大失敗する。なぜか。なんでもかんでも「最高の結果」だけを想像してしまう「楽観」、いまの状態をキープするのがベストと考える「現状維持」、2つの「偏見ーバイアス」が、意思決定を狂わせるのだ。MBA流「バイアス論」で、間違った意思決定を正せ！

■意思決定に間違いはつきものだ

プロジェクトが進むにつれて、とにかく意思決定をしなければいけない場面が増えてくる。不確定要素はコントロールできないが、意思決定は自分でするもの。考え抜く力が身につけば、意思決定は本当に楽しい仕事のプロセスになるし、これこそプロフェッショナルなビジネスマンの腕の見せどころだ。

ところがいくら考え抜く力があるビジネスマンでも、無意識のうちに誤った考え方をしてしまうことがある。ＭＢＡでは、そういった考え方の傾向を「バイアス」と呼び、普段からそれらを意識するように教えられる。

その中でも、なんでもかんでも最高の結果だけを考えてしまう「楽観バイアス」と、やっぱり今のままが良いと考えてしまう「現状維持バイアス」の２つが典型的で、かつ強力なバイアスだ。

本項では、この２つのバイアスについて、具体的な例を使いながら紹介したいと思う。後から「あのとき、違う意思決定をしておけば失敗しないで済んだのに……」といった後悔をしないためにも、間違った意思決定のパターンについて知っておこう。

■陥りやすい2つの典型的なバイアス（誤った考え方の傾向）

（1）なんでもかんでも最高の結果だけを考えてしまう「楽観バイアス」

意思決定した途端に発生するリスクとつき合うためには、シナリオ分析が必要なことは前項で説明したとおり。ビジネスの世界では、やはりある程度は不確定要素が味方をしてくれないと成功することが難しい。そして何よりも、不確定要素をコントロールするのは不可能だ。

だからこそ、プロジェクトを走り出させる前には、不確定要素をしっかりと冷静に把握しておいて、いざというときに迅速に意思決定をし直すことが肝心なのだが、実はこの冷静さを妨げる誤った考え方の傾向がある。これが、なんでもかんでも最高の結果だけを考えてしまう「楽観バイアス」だ。

具体的な例を使って考えてみよう。サイコロを3回振って、1の目が3回連続してでる確率は1÷（6×6×6）＝0・5％しかないが、実際はそこまで低い確率に感じないのが人間の持つ傾向だ。特に、自分の求める結果が1の目を連続3回だすことであれば、それこそ2～3割の確率でそれが起こってしまいそうに感じてしまう。

冷静に考えれば十分に理解できることなのだが、ついつい自分にとって好ましい結果の確率を高めに見積もってしまうのが人間の習性らしい。

このような「楽観バイアス」が原因で、企業が倒産してしまうぐらいの間違った意思決定をしてしまうケースは非常に多く存在している。例えば、社運を賭けて、宝くじを当てるぐらいの成功確率しかないビッグプロジェクトに投資してしまうといったことがその典型例である。

つまり、不確定要素を甘く見て、自信過剰にスタートしてしまったプロジェクトには、悲惨な結果が口を開けて待ち構えているということだ。

(2) やっぱり今のままが良いと考えてしまう「現状維持バイアス」

ある企業が危機に直面している。例えば、これまで販売していた主力製品に対し予期もしなかったような強力な新製品を、他業界から参入してきた企業が発売し、それまでの売り上げが激減してしまったといったような状況だ。

発泡酒の登場によって、ビールの売り上げが落ちる、あるいは石炭が石油にとって代わられたように、それまでのビジネスの形態を大幅に見直さないとならないといったようなことは、いくらでも起こり得る話。事前に不確定要素として思いもよらなかったような事態が起こるのが、ビジネスの世界である。

このような場合、会社の存続のために生き残りを賭けた壮絶な意思決定をすることが必要になる。

ところが、このように会社がつぶれる寸前にまで追い込まれた深刻な事態に陥っても、大きく舵を切り直すような意思決定ができずに、そのまま自然死を迎えてしまうようなケースが世の中には溢れている。なぜなら、その企業は、何の理由もなくやっぱり今のままが良いと考えてしまう「現状維持バイアス」にとりつかれているからだ。

何かをしなければならないのは明白だし、みな相当の危機感は持っている。それでもまだ、意思決定ができない。「現状維持バイアス」は、それだけ強力に意思決定を妨げる力があるということだ。

■バイアスを意識しない意思決定はこんなに危険

それでは、事例を使って２つのバイアスがどのように間違った意思決定に結びついてしまうのか考えてみよう。

あなたは外食チェーン店のエリア担当者で、ある店舗を新規にオープンさせたとしよう。事前のマーケット調査や顧客のニーズ分析からは、その地域でかなりの売り上げを見込めることが明白だった。

若い世代が多い新興住宅地で、これからもどんどんと成長していくはずのマーケット。顧客ニーズの特性に合わせた新メニュー開発のための社内協力も得られ、無事店舗はオープンした。考え抜いた仮説どおりに、素晴らしいスタートが切れている。マーケットの成長と共にこれからも勢いよく成長していくことができるだろうと、確信できるぐらいの立ち上がりだ。

ここまで成功していれば、他の既存競合店舗は何もできないだろう。仮に何かをしてきたとしても、ここまで考え抜いたうえでオープンさせた店舗に追いつくのはそう簡単ではないはず。あなたは無意識のうちに楽観バイアスにとりつかれ、あとは横綱相撲を取りながら店舗を運営すれば大丈夫だと一息ついた。

ところが予期せぬ事態が発生する。これまでこのエリアに出てくるはずがないと思っていた競合他社が、目の前に巨大な店舗をオープンさせることになった。店舗サイズは格段に大きく、若い世代向けのメニューもあなたの店舗以上、プロモーションも激しく展開してきている。結果として、一気に売り上げが激減し始めた。

何が問題だったのかは明白だ。そこまで魅力的なエリアであれば、新規で他社が参入してくる可能性があることは、十分にあり得るシナリオだったのだ。それを「楽観バイアス」の影響で、見過ごしてしまった。よって、さらなる顧客囲い込みの手立てや、商圏の拡大といった立ち上げの努力を怠ってしまったのが失敗の原因である。冷静に競合の進出の可能性について考えることができていたら、それに向けた対策を事前に打っておけたはずだ。

危機的な状況になった。売り上げは恐ろしい勢いで落ちていく。しかし、あなたは考え抜く力をさらに駆使して、すぐに原因調査を開始する。

すると……。顧客アンケートを分析した結果、メニューや味では競合に勝っているが、価格はもう少し安い方がよいとの声が多いことが分かった。また、オープン当初の成功で意識することもなかったのだが、実はまだ多くの顧客にあなたの店舗があることが知られていないことも判明した。よって、この2つについてすぐさま対策を打たなくてはいけないことが明らかとなった。

ところが、なぜか腰が重い。何かしなければいけないことは分かっている。が、オープン当初の成功体験が邪魔をして、いざとなると、なかなか行動に移せない。まさに無意識のうちに、「現状維持バイアス」にとりつかれている典型的な例。過去の成功とは、おかれている状況が違うのに。

このまま2つのバイアスに取りつかれて間違った意思決定をし続けてしまったら、あなたの店舗はあっという間に競合店に逆転され、気がつくといつの間にか赤字店にまで転落してしまうだろう。

■意思決定をするときには、必ずバイアスを意識する

誰でもバイアスを持っている。思い入れの強い、一度でも成功したプロジェクトであれば、その傾向が強くなるのが人間の性というもの。

が、そんなときこそ、とにかく一歩さがって考えてみることが必要だ。自分の可愛いプロジェクトでも、冷静かつ冷徹なまでに客観的に眺めてみる。仕事にかける情熱と、正しい意思決定は別物なのだ。不確定要素が予想もしなかった方に振れてしまい、プロジェクトが頓挫することだって起こり得るシナリオである。

だからこそ、意思決定をするときには、必ず「楽観バイアスや現状維持バイアスに影響されて、冷静さを失ってはいないだろうか」と自問自答してみる。２つのバイアスをそこまで意識したうえで、意思決定ができたとしたら、それはあなたが正しい方向に向かっている証拠なのだ。

12

「ゴール設定」の手法を生かし、メンバーのモチベーションを維持してプロジェクトの成功まで突っ走れ！

プロジェクトの成否は、メンバーのモチベーション＝やる気を高いままずっと維持できるかどうかにかかっている。

MBA流「ゴール設定」の手法を活用し、プロジェクトの最終ゴールをみんなで共有したうえで、日々の目標設定を明確にし、チーム全体のやる気を最後まで維持しよう！

それがあなたとチームの成功につながる！

■高いモチベーションを保ち続けるためには、目標管理が鍵

仕事はマラソンレースのようなものだと、尊敬する先輩から言われたことがあるが、これまでのビジネスマン経験のなかで、なるほどなあと感じることがたびたび

あった。

状況は、刻一刻と変化し、予想もできない事態に直面することもある。そのなかで、飛び上がるぐらい嬉しいことや、朝起きるのが嫌になるくらいひどい目にあうことだってある。しかし、どんな状況になっても、止まることは許されない。どんなに苦しい場面に追い込まれても、やる気を奮い立たせて、走っていなければ、途中で脱落してしまう。

まさに、マラソンレース。プロジェクトが走っている数カ月から数年という期間を、そしてビジネスマン人生という長丁場を、何があっても走り続けなければならないのだ。

42・195㎞先のゴールだけを見て、ひたすら黙々と走り続けるのは苦しい作業だ。一方で、自分の目標とする記録を、5㎞ごとの目標タイムに切り分けると、その苦しさはだいぶ軽減される。目の前にある当面の目標に向かって何をしたらよいのか見えてくるし、結果として高いモチベーションを持つことが可能になるからだ。そしてまた、仮に道中で何かが起こったときにも修正が効く。これはプロジェクトや仕事にも当てはまる話だ。

単に、「このプロジェクトで2年後に10億円の収益を達成します」だけで、高いモチベーションを保ちながら必要なアクションを起こすのは難しい。具体的に何をしたらよいのか見えていないといけない。

ＭＢＡでは目標管理についていろいろと学ぶのだが、その根本にある考え方は「最終的なゴールは正当で意味があるものでないといけない」ということと、「そのためには、具体的なアクションが起こせる、短期的な目標（マイルストーン）が必要」という2点に集約される。

本項では、この2つについて、具体的な例を織り交ぜながら考えてみたいと思う。

■正当で意味ある目標をマイルストーンに落とし込んで初めて目標になる

まずは最終的なゴールをどう設定したらよいのか考えてみよう。

そもそもプロジェクトは、企業価値を増大させることができなければやる価値がない。そして、そのプロジェクトに投資する金額は、企業価値を増大させるのに必要な収益を生み出すことを義務づけられている。

例えば、ある企業が投資した案件から10％以上の収益率を上げることが投資家から求められているとしたら、個別のプロジェクトもまた10％以上の投資収益率を達成することが必要だ。よって、仮にそのプロジェクトに1億円の投資が必要なら、毎年1000万円の収益を上げることが目標になる（キャッシュフローを使ったより詳細な収益率計算は、別の章に譲る）。

つまり、最終的なプロジェクトの目標は、かならず企業価値を高めるだけの収益インパクトがないといけないということだ。正当な理由もなく、ただ闇雲に「売り上げ倍増」とか、「収益改善」と掲げたところで、それらは目標にはなり得ない。仮に、無理やりそれでメンバーを押し切ったとしても、高いモチベーションを持たせるのは困難。要は、「なるほど、こういう理由で目標は収益1000万円なのか」と納得できるゴール設定が必要だということだ。

次に必要なのは、最終的なゴールを分解して、「具体的に何をいつまでにしたらよいのか」という目標に置き換えることが必要になる。

作業としては、具体的なアクションに関わる目標はＫＰＩ（Key Performance Index）と呼ばれる目標に、そして何をいつまでにといった期間ごとの目標はマイルストーンに置き換えるということだ。

あるプロジェクトで売り上げを伸ばすためには、新規顧客の獲得がカギだとする。よって、ＫＰＩは新規顧客の獲得件数という具体的な目標に翻訳した方が分かりやすい。同様に年度末までに必要な売り上げを新規顧客数で割り、さらに3カ月ごとの数字に直すことで、毎四半期のマイルストーンができあがる。年度末までに何千件という漠然とした目標よりも、よっぽど分かりやすい目標だ。

■目標を設定することで、何をすべきかクリアになる

それでは、事例を使ってどのように目標設定をしたらよいのかについて、具体的に考えてみよう。

まず、あなたは法人向けの新商品を販売するプロジェクトチームに所属しているとする。本年度の収益目標は２０００万円。この目標は、会社の中期計画に沿っている理にかなった目標で、チームのメンバーは納得している。

さて、収益目標を達成するためには、まずは売らないことには始まらない。収益率から考えて、年間2億円の売り上げが必要だ。これを売り上げ単価で割ると、必要な顧客数が計算できる。

例えば、一顧客当たりの単価が１００万円だとすると、必要な顧客数は２００。しかし、これだけではまだ不十分だ。もっと具体的なアクションに落とし込まないと、営業担当が何をしたらよいのかが見えてこない。

これまでの経験から、売り上げは訪問件数に比例することが分かっている。具体的には、訪問までこぎつけた顧客の約1割が実際に購入してくれるのだ。となると、彼らが意識すべきＫＰＩは、訪問件数にするべきだ。具体的には、年間で２０００件の顧客を訪問できれば、目標の売り上げを達成できる可能性が非常に高いということだ。

そして次に、目標訪問件数を月ごとに割り振ることで、今月一体何件訪問すれば目標を達成できるか見えてくる。つまり、月間約１６０件の訪問が必要だというマイルストーンが明確になるということだ。

ここまで具体的な目標に落とし込むことができれば、担当者は何をしたらよいか理解できる。また、毎月の目標を達成すべく、モチベーションを持って営業活動を行うことができるようになるだろう。

■何が最終ゴールなのかいつも意識しておくことが必要

ＫＰＩやマイルストーンに置き換えた目標は非常に分かりやすいし、毎日の活動に密接に関わってくるだけに、非常に使えるツールになり得る。

ところが、使い方を誤ると、本末転倒な事態を招き兼ねないことをしっかりと理解しておこう。一体何が問題なのかというと、ＫＰＩやマイルストーンを達成すること自体が自己目的化してしまい、気がついたら自分たちが一体何のために必死になっているのかを見失ってしまうことがあるということだ。

つまり、そもそものプロジェクトの最終ゴールを見失って、目先の数字を作ることだけに没頭してしまうということ。こうなると、プロジェクトの求心力は急速に失われてしまい、各メンバーは自分の目標以外ではモチベーションを持たず、バラバラに動き出すといった、深刻な事態に陥ってしまう。これでは、何のために目標を設定したのか分からない。

こういった事態を避けるためにも、「そもそもこのプロジェクトは何のためにするのか」という意識を常に持ち、折に触れてメンバーと議論するようにすることが必要だ。そして、もしもKPIやマイルストーンの変更が必要だということがロジカルに考えても明白ならば、迷わずそうするべきだ。

目先の数字はあくまで最終的なゴールに向かうための、ひとつの道筋に過ぎない。それにこだわって、結局は最も大切なゴールに向かう高いモチベーションを失ってしまうのであれば、一体何のための目標設定なのか分からなくなってしまう。

ゴールに向かう道はひとつではない。KPIやマイルストーンはあくまでそのためのツールだという、そもそもの目的を理解しておけば、このような失敗を避けて、確実にゴールに向かうことができるはずだ。

第2章

失敗しないMBA的キャリアマネジメント術

仕事選びとは、「自分経営」のことである！ MBA手法を生かし、自らのキャリアをマネジメントせよ！

1

個人にとって仕事選びとは、まさしく自分という「事業主体」の経営の最重要項目のひとつである。

となれば、キャリアを築く際、MBAの手法が当然応用できる。

まずは、「キャリアをマネジメントする」という発想を確固たるものにし、仕事選びのプロになろう！

■自分のキャリアは自分でマネジメントするのが、プロフェッショナル

いよいよ日本も転職時代になった。転職をサポートする人材紹介や人材斡旋企業の数も増えて、サービスの質も向上してきたし、企業にも中途採用を受け入れる土

壊が整ってきた。多くの企業が、その企業に貢献してくれる素晴らしい人材であれば新卒中途にこだわらないという姿勢に急速に変化しつつある。

しかしながら、必ずしも転職そのものがキャリアマネジメント上で正解だというわけでない。結論から言ってしまえば、自らビジネスマンとしてのキャリアを追求する過程で、結果として選んだ選択肢が転職になるかもしれないということだ。

肝心なのは、ビジネスマンとしてのキャリアを自分の力でマネジメントすること。これまで会社に委ねてきたビジネスマンとしての成長の機会を自分の手でコントロールする。あるいは、自ら「自分」の経営者になり、「自分」という企業を経営する。そのためにMBAの手法が強力な武器になることは明白である。

MBAは、まさに企業活動を最適化させるマネジメントの手法そのものなのだから。この考えを使って、キャリアマネジメントを強力に推し進めない手はない。

本章では、一貫してこの考えを提示していきたいと思う。

ビジネスマンとして、キャリアアップを目指すためのマネジメント手法。プロフェッショナルとして自らのキャリアを追求するためには、どんな手法を使って、何について考えたらよいのか。そしていざ転職という選択をする場合には、一体どんなことを考えて行動しなければいけないのかについて、ＭＢＡの手法を使って考えてみたい。

では、具体的にどんな内容について触れるのか、簡単に紹介していこう。

■キャリアマネジメントのためのMBA手法

キャリアマネジメントの出発点として、まずは自分がどんなビジネスマンなのかをしっかりと分析することが必要だ。一体どんな強みを持っているのか、そしてこれからの貴重な時間を使ってどうそれらを強化するのか、あるいは新たな強みをどう構築することが求められるのかについて考えていく必要がある。これらの点について、会計学のバランスシート（貸借対照表）を使って考察する手法を紹介しよう。

次に、自己分析の次のステップとして、一体自分にどれくらいの市場価値があるのかについて計算する手法について触れる。

具体的には、現在価値計算というＭＢＡの企業財務で習う企業価値の計算方法について説明しながら、それをビジネスマンに当てはめて一体自分がいくらなのかについて計算してみよう。そのうえで、ビジネスマンとしての価値を高めるためにはどんなことに気をつけなければいけないかについても併せて説明する。

ビジネスマンとしてどんな強みを持っているのかについて把握することができたら、今度はそれらを活用してキャリアをマネジメントする戦略が必要だ。ここでは戦略論の基本であるＲＢＶ（リソース・ベースト・ビュー）を使って、どんなキャリアを追求すれば〝勝てる〟可能性が高いのかについて考えてみたい。キーワードは、第1章でも登場した〝レバレッジ〟だ。

キャリアマネジメントについて戦略の方向性が決まれば、次は実際に自分を売り込んでチャンスを手に入れることが必要だ。具体的には、社内でやりたい仕事を手に入れる、あるいは転職して自分のキャリアを追求するといったアクションを起こすことになる。

その際に、自分を商品としてとらえ、なぜその商品がお勧めなのかを相手に伝えるための説明文が必要になる。つまり、マーケティングの基本、ポジショニング・ステートメントが必要になる。その〝書き方〟について紹介していく。

また、自分を売り込む手法の応用編として、より幅広い視点からどう自分という商品をマーケティングしていくのかについて、マーケティングの基本コンセプトである4Pを使って説明しよう。そして仮に転職をすることになった場合、4Pの考え方を使い、一体どんなことに気をつけて転職活動をしたらよいのかについても併せて紹介したい。

キャリアアップをするためは、必ずしも転職にこだわる必要がないのはすでに説明したとおり。肝心なのは、自分という商品の価値を上げるため一体どんなことをしたらよいのかということだ。MBA取得者なら誰でも知っているポートフォリオ理論を使い、今自分が持っているスキルや経験をしっかりと把握し、これからどんな戦略的な意図を持ってそれらを強化していったらよいのかという点について、より詳しく考えてみたい。

実際に転職活動をした結果、ある企業からオファーをもらえたとする。しかし、今勤めている企業でキャリアを追求するのも捨てがたい。今の会社に残るか、転職するかという意思決定はなかなかタフな作業になる。

その際に、第1章でも紹介したシナリオ分析の応用編である、オプションプライシングの手法を使って考えると、何について考えたらよいのかクリアになる。重要な意思決定をする際に、ぐちゃぐちゃの頭で必要以上に悩まないための手法についても、しっかりと理解しておこう。

いろいろと考え抜いて転職をするという意思決定をしている最中にも、誤った考え方の傾向（バイアス）によって判断を見失ってしまうことがある。ここでは、サンクコスト（埋没原価）という管理会計の手法を使って、そんなときに何をどう考えたら理性的で正しい判断ができるのかについても、補足的に紹介したい。

また、キャリアを追求するためには、今の会社に残るかあるいは転職するかといった選択だけでなく、独立してビジネスを起業するといった選択だってあり得る。この場合に、転職する以上に多くのことについて事前に考え抜かないと、それこそ人生を賭けた単なる大博打になってしまう。

キャリアマネジメントの最後では、独立して会社を興す際に考えるべき内容として、ベンチャーファイナンスの手法を使って考察してみたい。

■キャリアマネジメントについて考えながら、MBA手法についてもマスターしよう

さて、本キャリアマネジメント編では、キャリアを追求するためにどんなことを考えたらよいのか、多くのMBAの手法を使って解説する。紹介する手法は、どれもMBA在学中に基礎として習うものばかりだ。キャリアについて考える過程で、これらの手法を身につけることができれば、ビジネスマンとして考える道具を増やすことができる。言わば、一石二鳥だ。ぜひとも本章を有効に活用して、ビジネスマンとしての成長につなげてほしい。それでは早速具体論に入っていこう。

2

自分のビジネスマンとしての価値をバランスシートで把握せよ！——「財務会計」の応用

自らを事業主体と考え、キャリアプランを練るからには、当然、「自分という事業主体」の価値を客観的に分析しなければ、正しい仕事選びなどできない。

そこで、企業同様、「財務会計」の考えを応用し、自らの価値に関する「バランスシート」を作成してみよう！

■まずは自分を客観的に分析することからスタート

プロフェッショナルなビジネスマンとして、自らキャリアをマネジメントしていくためには、まずは自分がどんなビジネスマンなのかについて客観的に分析することが必要だ。

具体的には、一体どんな強みを持っていて、それらがどんな市場価値を持つのかについて把握しておくことが出発点だということ。この自己分析なくしては、自らの手で果敢にキャリアを作り上げていくことは難しい。せっかくの強みを無駄にしてしまったり、逆に自分の弱点で勝負をすることになったりすることで、成功確率の低いキャリアマネジメントをしてしまうことになるからだ。

MBAでは、一番初めに会計学についてみっちり叩き込まれる。企業活動を客観的に把握するために会計手法について理解しておかないと、次のステップに進めないからだ。キャリアマネジメントについても、同じことが言える。まずは自分についてしっかりと把握しておくことが必要だ。

本項では、資産、負債、資本といった会計学の基本であるバランスシートを紹介したうえで、それらをキャリアに置き換えて、キャリアマネジメントの基盤になる自己分析をどのような手法で行ったらよいのかについて考えてみたい。

具体的には、何がキャリア資産やキャリア負債になるのか、そしてキャリア価値を高めるためには一体どんなことをしたらよいのかについて紹介したいと思う。

■バランスシートはどんな構造になっているのか

バランスシート（貸借対照表）は、企業の財務内容を撮影したレントゲン写真のようなもの。Ｔ字型の構造になっていて、左側と右側の合計がきちんと合うので、バランスシートと呼ばれている。

その中身になるのは、資産と負債と資本の３つ。左側に資産が、右側には負債と資本が収まる。仕組み自体は非常にシンプルだが、企業活動を客観的に分析できる、使えるツールだ。

それでは、それぞれの項目について具体的に考えてみよう。

まず資産とは何かというと、「将来の利益を生み出すもの」だ。商品を販売して収益を得るためには、工場や材料そして従業員が働くオフィスが必要だし、売掛金が必要な場合も多い。これらはすべて将来の利益を生み出すために必要なものなので、資産として計上される。

また、資産には「流動資産」と「固定資産」の2種類が存在する。流動資産は、現金、売掛金、商品などの流動性の高いものが含まれ、固定資産には、土地や建物などの有形固定資産や、商標等の無形固定資産に分類される。これ以上の詳細は記さないが、肝心なのは「将来の利益を生み出すもの」が資産だということだ。

次に、バランスシートの右側に収まる負債と資本について考えてみよう。まず負債と資本に共通するのは、「資産を手に入れるために、調達した資金」という考え方だ。別の見方をすれば、負債と資本は直接的には利益を生まないということになる。

負債は、将来返済しなければならない義務である。具体的には、買掛金や短期借入金などの流動負債や、社債や長期借入金等などの固定負債が含まれる。

一方で資本は、資本金や株主からの資金や、これまでに蓄積された利益が含まれる。そして、とても重要なことなのだが、資産の合計から、負債を引いたものが資本になるという関係が成り立つ。つまり、資本とは「将来価値を生み出すもの」から「資産を手に入れるために調達した資金」を引いた残り、つまりその企業の価値を表すものなのだ。

■キャリア・バランスシートを使って分析すると、ビジネスマンとしての価値が見える

それでは、バランスシートの考え方を自分のキャリアに当てはめて考えてみよう。キャリアマネジメントを考えるうえで、一体何を資産や負債、そして資本として考えたらよいのだろうか。

(1)キャリア資産とはビジネスマンとしての持ちもの

キャリア資産とは「将来ビジネスマンとして価値を生み出すもの」だ。具体的には、資格や知識、あるいはスキルや業務経験などがこれに当てはまる。

例えば、資格には学歴やＣＰＡといった形として見えやすい資産が含まれるし、

スキルセットには分析スキルや論理的な思考力、交渉力などといった能力が含まれる。仕事をとおして身につけた貴重な経験もキャリア資産になり得るし、例えば万人に愛される笑顔を持っているとか、非常に説得力のある声の持ち主といった特徴も、ビジネスを進めるうえでプラスに働くのであれば、やっぱりキャリア資産だ。

(2)キャリア負債とは、ずばり時間

キャリア負債とは、ずばりキャリア資産を手に入れるために使われた時間だ。

例えば、1年仕事をすると、何かしらのキャリア資産を手に入れることができる。具体的には業務経験であったりスキルであったり、あるいは資格であったりと。ところが、今まで持っていたキャリア資産を増強したり、新たなキャリア資産を手に入れたりすることなく、無駄に1年間を過ごしてしまうこともあり得るシナリオだ。

大切なのは、キャリア資産を手に入れるためには、キャリア負債である時間が使われるということ。ビジネスマンとして使える時間は無限ではない。キャリア資産

を手に入れるために、時間は効率的に使いたいものだ。

(3)使った時間に見合うキャリア資産を手に入れられれば、キャリア価値は高まっていく

キャリア資産とキャリア負債の差がキャリア価値。バランスシートでいうと資本にあたる項目だ。

ビジネスマンとして過ごしてきた時間で、将来価値を生み出す素晴らしいキャリア資産を手に入れることができたならば、その人は非常に高いキャリア価値を持っているはず。そして次の1年を無駄にせずに、しっかりとキャリア資産を積み上げることができるなら、キャリア価値はさらに高まって行く。

キャリア価値とは、ビジネスマンとしての価値そのものなのだ。

■ビジネスマンとしての価値を高めるためには何をしたらよいか

それでは、キャリア価値を上げるためには何をしたらよいのか、例を使って考え

てみたい。

例えばあなたが、広告代理店で営業をしているとしよう。自分のキャリア資産について客観的に分析してみると、企画力や交渉力といったスキル、クライアントに「説得力がある」と評価されている声や喋り方があることが分かった。これからビジネスマンとして、価値を高めようと思った場合、一体何をしたらよいのだろうか。

まずは、これからの1年、そして数年という時間を使って、次にどんなキャリア資産を獲得していくのか考えなければいけない。

具体的には2つのオプションがある。今のキャリア資産をさらに高めるための仕事に関わるオプションと、足りないキャリア資産を獲得するために時間を使うというオプションだ。

最初のケースの場合は、企画力を高めるために社内の勉強会に出たり、交渉力を鍛えるために、よりタフなクライアントを担当させてもらったりといったアクションを起こすことで、あなたの今の強みをさらに強力な資産に高めることができる。

また、今の自分に足りないスキルを手に入れるためには、語学学校に通って英語を鍛えたり、ロジカルに考えるトレーニングを積んだりするといったアクションもあり得るはずだ（もちろん、説得力をさらに増すために、ボイストレーニングに通うといったアクションもあるのだが……）。

肝心なのは、使う時間以上に「将来ビジネスマンとしての価値を生み出す」キャリア資産を手に入れることだ。どちらの方向でキャリア資産を積み上げるにせよ、無駄に時間を浪費するのはもってのほかだ。

ビジネスマンとして生活していると実感することなのだが、日々の仕事に追われているうちに、時間はあっという間に過ぎていく。そして半年ぐらいの間に、自分がまったく成長していないことに気づいたりする。

キャリア負債だけが、どんどんと積みあがっていく生活――。そんなビジネスマンにならないように、一体キャリア価値を高めるためには何が必要なのかを意識して、日々の仕事や自己研鍊に励みたいものだ。

3

自分はいったい企業にとっていくらの価値があるのだろうか？　自分の市場価値を試算しよう
――「ファイナンス／現在価値計算」の応用

キャリアマネジメントで欠かせないのは、自分の「市場」での価値がいくらぐらいかを認識することだ。

株式市場が企業の市場価値を測る際に使う「現在価値計算」手法を応用して、自分自身の市場価値を測り、どの程度の「報酬」がもらえるのかどうか、考えてみよう。

■まずは自分の市場価値を知っておくことが大切

企業には、客観的に価値を計算してくれる株式マーケットが存在する。この客観的な価値がいわゆる、企業価値と呼ばれるものだ。

この企業価値には、その企業がこれまでにどんな実績を上げてきたのかだけでなく、マーケットがその企業に対して、今後何を期待しているのかについても反映されている。

プロフェッショナルなビジネスマンも同様に、これまでの実績とこれからの期待値をもとに、客観的に自分の市場価値を測る方法がある。

キャリアマネジメントについて考える際に、まずは自己分析が大切なのは前項で説明したとおりだが、本項では、また違った側面からビジネスマンとしての価値について考えてみたい。

具体的には、企業価値を計算するために使われる、現在価値の計算手法を使って自分の市場価値を計算する手法を紹介しよう。そしてそのうえで、一体ビジネスマンとしての価値を高めるためには、何をしたらよいのかについても考えてみたいと思う。

■企業の現在価値を計算する方法

$$\sum \frac{FCF_n}{(1+r)^n}$$

ＦＣＦ＝フリーキャッシュフロー（会計上の利益を基に計算された企業が生み出すキャッシュ）
ｒ＝割引率（ディスカウントレート）
ｎ＝期間

いきなり数式が登場して、数学が苦手な人にとっては読む気をそがれるように感じられるかもしれないが、企業価値を計算するこの数式はけっして難しいことを説明しているわけではない。分解すると、４つの内容で構成されている、簡単な数式だ。つまり、

①企業がある年に、どれだけのキャッシュフローを生み出したのか
②今後、どれだけの期間にわたって、キャッシュフローを得られるのか

③また、そのキャッシュフローは、今後どれだけ確実に得られるのか
④そして、それを現在の価値に直すといくらになるのか

具体的には、①はＦＣＦ、②はｎ（期間）のこと、そして③と④はｒ（割引率）のことだ。

ではここで、非常に簡単な事例を使って企業価値を計算してみよう。

ある企業が、今後５年間にわたって、毎年40億円の価値（フリーキャッシュフロー）を生み出すとする。また割引率は５％だと仮定しよう。これを企業価値の数式に当てはめると次のようになる。

$$\frac{40\text{億円}}{(1.05)^1}+\frac{40\text{億円}}{(1.05)^2}+\frac{40\text{億円}}{(1.05)^3}+\frac{40\text{億円}}{(1.05)^4}+\frac{40\text{億円}}{(1.05)^5}=173\text{億円}$$

単純に考えると40億円×5年＝２００億円となりそうだが、実際には、30億円ほど少なくなっている。なぜなら、毎年のキャッシュフローを、割引率という、物価の上昇率と事業活動に伴うリスクで割り戻しているからだ。

（注：実際に企業価値を計算する際には、６年目以降の永続価値についても計算される必要があるが、今回は計算をシンプルにするために除外してあることをご理解いただきたい）

ところで、この企業が１００億円の資産を保有していたとしよう。会計的には、この企業の価値は１００億円ということだ。一方で、ＦＣＦをベースにして企業価値を計算すると、この企業の価値は１７３億円だった。資産価値の１・７倍。これは、この企業が資産価値以上の価値を生み出す力があるということだ。この事実こそがこの企業が存在する理由になる。

もしも逆に、この企業の価値が50億円、つまりは資産価値合計の半分しかないとしたら、相当の問題があるということだ。例えば、規制緩和の影響で現在保有している資産が今後の事業転換の足かせになっている、あるいは経営陣のマネジメント力に問題があるなどといった理由が考えられる（それにしても、企業価値が資産価値以下の企業に一体どんな存在理由があるというのだろうか）。

■給与予測から自分の価値を計算してみよう

それでは、企業価値の計算方法を使って、自分が現在勤めている会社から得られる生涯所得の現在価値について計算してみよう。

例えば、現在の給与が５００万円、これが毎年２％ずつ上昇すると仮定する。定年までの年数は30年、退職金は１０００万円。割引率も同様に２％と仮定しよう。

この場合の生涯所得の現在価値は次のように計算することができる。

$$\frac{500万円}{(1.02)^1}+\frac{500万円\times(1.02)^1}{(1.02)^2}+\frac{500万円\times(1.02)^2}{(1.02)^3}+\cdots\cdots+\frac{500万円\times(1.02)^{29}}{(1.02)^{30}}+\frac{1000万円}{(1.05)^{30}}=1億5300万円$$

つまり、あなたには1億5300万円分のビジネスマンとしての価値があるということだ。

■あなたへの期待の高さが、給与に跳ねかえる

ビジネスマンとしての現在価値計算から、一体どんな示唆が得られるのだろうか。実は、この計算方法には深い意味が隠されている。つまり、あなたの報酬は、今後あなたが生み出すであろう貢献（付加価値）の量によって決まるということだ。

資格を持っている、学歴が高い、業務経験がある、あるいは英語などの特定のスキルに長けているという事実が単純に年収に反映されているわけではない。プロフェッショナルなビジネスマンはそれらのキャリア資産をフルに活用して、最大の付加価値を生み出すことを求められているのだ。

例えば就職や転職の際に特定の資格やスキルが役立つというのは、あなたが将来付加価値を生み出してくれる可能性が高いと企業が評価しているということにすぎ

ない。つまり、それだけ期待値が高いということである。よって、結果として報酬も高くなるだろう。

ところが実際にそれらの資産が付加価値を生み出さないとしたら、逆にマイナスの効果の方が大きい。給与を下げられたって文句は言えない。せっかくの資産を無駄にしてしまっているのだから、当然の話だし、その企業からしたら「期待はずれ」となる。

レジュメを磨き上げ、面接の練習に勤しみ、ＭＢＡでのクラスメートたちは自分の持つ可能性を最も高く売りこむために、がむしゃらに就職活動をしていた。そしてある者は皆が羨ましがる、名立たる企業からオファーをもらうことに成功した。

一方で、自分のキャリア資産を客観的に評価しないで、ただ自分がＭＢＡであることだけを武器に就職活動に挑んだ多くの学生たちは、例外なく妥協を強いられる結果となった。

ところが話はここで終わらない。

就職活動で成功者と思われたクラスメートたちでさえ企業が期待した実績を上げ

ることができずに、次の会社に移らざるを得なかった例も少なくない。まるで市場から高い利益を上げることを使命付けられた企業が、業績の下方修正をした途端に市場から見放され、一瞬にして株価が半分以下になってしまうように――。

ビジネスマンとしての価値を客観的に評価され、それにふさわしい報酬を受け取ることは、裏を返せばそれだけの厳しさが伴う。高い期待にいつも応えられるだけの働きが求められ、それに必要なキャリア資産は自ら身につけていくぐらいの覚悟がないといけない。そして、その厳しい状況を受け入れられるかどうかが、あなたがプロフェッショナルなビジネスマンになれるかどうかの試金石でもあるのだ。

4

就職では、自分の「強み」を最大限活用せよ！
――「リソース戦略」の応用

自分のバランスシートの中から就職の武器「強み」を選び出せ。

それがあなたの「リソース（資産）」だ。

その価値を把握したうえで、「レバレッジ」手法を応用しながら、あなたの「リソース」価値を、効果的に就職希望先にアピールしよう！

■自分の強みが生かせるなら、ビジネスマンとしてのキャリアは明るい

企業戦略論の基本として、何がその企業の強みなのか、そしてその企業の強みを生かしてどう戦略に結びつけていくのかという点について考察できる、ＲＢＶ（リ

ソース・ベースト・ビュー）という考え方が存在する。

キャリアマネジメントでも同じことが言える。他のビジネスマンが持っていない、自分に固有の強みを生かすことができるのであれば、それだけ他のビジネスマンより付加価値を出せる仕事ができるはず。ＭＢＡ的な表現を使うなら、自分の強みをレバレッジできるということだ。

さて戦略論で言うレバレッジとは何かというと、相手が持っていない自分だけの武器を活用して勝つ、という一見フェアでない戦い方をすることだ。

例えば、自分が最新の機関銃を保有していて、相手は未だに石を投げるだけの戦い方しかできないとしたら、どう相手を倒すかは明白だ。まったく逆のケースで、自分に素晴らしく破壊力がある、正確に石を投げる力があって、かつゲリラ的な戦い方が得意だとする。一方で相手が機関銃は持っているが接近戦を苦手としていたら、どうやって戦ったらよいかはおのずから見えてくる。少々生臭い例ではあるが、いずれのケースも自分の強みをレバレッジした戦い方をしているということだ。

本項ではこのＲＢＶをどうキャリアマネジメントに応用したらよいかについて考

えてみよう。

■ＲＢＶは、その企業固有の強みが何か分析する手法

まずリソースとは何か簡単に説明すると、その企業に固有で、競合他社にはない強みのことだ。

具体的には「有形資産」や「無形資産」、そして「ケイパビリティー」の３つに分解できる。有形資産には、不動産や生産設備、店舗といったものが当てはまるし、無形資産にはブランド力や会社の評判、技術ノウハウや蓄積された知識や経験などが当てはまる。ケイパビリティーに該当するものとしては、商品開発力や販売力、質の高い製品を生産する能力や組織の結束力といった内容が含まれる。

もちろん、その３つであれば何でもかんでもがリソースになり得るわけではなく、希少価値があって初めてリソースと見なされるのだ。

競合するいくつかの企業のうち、ある企業だけが特殊な生産技術を持っている場

合、この技術はリソースとして定義できる。他社よりも立地の良い店舗網や、他社よりも素早く変化に対応する組織力があるといった場合も同様だ。

さて、リソースが何か明らかになったところで、次はそれを戦略に落とし込んでいく番だ。結論から言えば、競合他社にないリソースをレバレッジできる方法を考えればよい。つまり、相手にない自分の強みを生かして戦う。

具体的な例を使って考えてみよう。

大型ディスカウント専門チェーンのシカゴ・カンパニーがある地方都市に新規出店を検討しているとする。シカゴ・カンパニーは廉価大量販売のノウハウ、低コストでの店舗運営能力、物流力、強力なブランドといったリソースを持っているとしよう。一方で迎え撃つ地場の店舗は顧客基盤、店舗ロケーションがリソースだとする。双方の戦略が異なったものになることは明らかだ。

具体的には、シカゴ・カンパニーはブランド力と低価格を前面に押し出してプロモーション攻勢をかけるマーケティング戦略を取ることになるし、地場の店舗は、既存の顧客に対してロイヤリティを高めてもらうための手厚いサービスや利便性を訴えるマーケティングを展開することになるだろう。

■キャリアマネジメントにおける、リソースのレバレッジ方法

さあ、ＲＢＶの考え方をキャリアマネジメントに当てはめてみよう。

あなたが他のライバルたちと比較して、希少価値のある資格や高い語学力を持っているのであれば、これらはリソースになり得る。このリソースを中心に、どうキャリアを追求したらよいのか考えることが、キャリアマネジメントの基本になるのだ。

では、より具体的なケースを使ってどんなアクションを起こしたらよいのか考えてみよう。

あなたは過去、国内メーカーに勤務していた時代に営業経験があり、特に新規顧客開拓では相手の話をうまく聞き出して信頼を勝ち取ることに長けていたとする。

そして現在は外資系のリサーチ会社に勤務しており、レポート作成をとおして論理

的な思考能力と英語力には相当の自信がついてきたし、クライアントからも高く評価されているとしよう。

さてある日、外資系メーカーがこんな人材募集広告を出していたのを目にした（もちろん、これを社内公募に置き換えて考えてもよい。ＲＢＶは転職だけに有効なキャリアマネジメント戦略ではないのだから）。

「国内マーケティング担当スーパーバイザー募集」

よくよく内容を調べてみると、業務内容は米国本社と日本国内向けの販売戦略について共に考え、またチームを率いて販路拡大に向けての活動を行うことだった。あなたのリソースをレバレッジする格好の機会の到来だ。無形資産としての営業経験、ケイパビリティーとしての論理的な思考力、そして語学力をレバレッジして、スーパーバイザーとして活躍できる可能性は非常に高い。

また、実際に働き出す前に通らなければならない採用プロセスにおいても、他の応募者と比較してあなたのリソースが持つ価値が相対的に高いことに間違いはないし、採用される可能性は高いはず。言い換えるならば、このポジションに応募すること自体がレバレッジそのものなのだ。

面接の際には、自分の強みであるリソースについてアピールし、なぜそれらが強みになるのか自分の業務経験をもとに相手を説得しよう。そして、実際にそのポジションで働き出してからは、自分の強みを存分に発揮して最大の付加価値を出せるよう努力しよう。

■リソースには絶えず投資をしておくことが大切

さて、リソースはいつまでもリソースであり続けるだろうか？　答えはノーだ。

例えば、有形資産の一部である、立地条件の良い店舗網などは比較的長い期間にわたってリソースになり得るだろうし、商標やパテントも同じような性質を持っているのは事実だ。

しかし一方で、多くのリソースはある時点では競合他社に優位性を築ける力があるとしても、それが長期間にわたって優位性を保てる保証はない。ブランドにしても、不祥事等でマイナスのリソースになってしまう可能性があるし、中長期的には競合他社が追いついてくることだって十分に考えられる。生産能力や組織の結束力などのケイパビリティーはそれこそ短期間で他社が同じぐらいのケイパビリティーを獲得することも可能だ。

ひるがえって、キャリアでのリソースについて考えてみると、この傾向はより顕著だ。例えば語学力は継続的な努力を怠ると急速に衰えてしまうし、論理的に考える力や交渉力といったスキルに関しても、ライバルたちがトレーニングを積めばすぐに追いつくことができる。資格にしても、ある一定期間に努力をすれば取れるものだということは言うまでもない。

そう、企業のリソースにしても、キャリアマネジメント上で武器になるリソースにしても、絶えずその価値を保つための投資や努力を行っていないと、将来的にはそれらがリソースではなくなってしまうということを認識しておく必要があるということだ。

今回のリソース分析によって、何が強みなのか把握することができるようになった。そして、今までのように戦略的な意図を持たないまま、闇雲にスキルアップを目指し、結局はその努力が徒労に終わるというシナリオは回避できるようになった。

しかし、肝心なのはこの先だ。自分の現時点の強みをさらに強化し、プロフェッショナルなビジネスマンとして競合優位性を構築し続けるためには、一体何にどれくらい投資し続けないといけないかについて、いつでも意識しておくことが必要だ。

そう、プロフェッショナルは、いつでも自分を最高の状態に保つために、自分に投資をし続ける使命があるということなのだ。

5

就職前に、まず自分の「商品力」を明快に把握せよ！——「ポジショニング・ステートメント」の応用

売れる商品の特徴は、「なぜ」「だれに対し」「何を」売るのか、明快な基本コンセプトがあることだ。「ひと」もまた同様。「売れる人材」は、常にビジネスマンとしての商品コンセプトが明快だ。MBA流マーケティングの基本、「ポジショニング・ステートメント」手法を応用し、自らの商品コンセプトを具体的かつシンプルに把握して、就職希望先に売り込め！

■自分を商品に見立ててポジショニングすることが、売り込みの基本

成功する商品は、しっかりとした商品コンセプトがあり、それをシンプルな一文で書き表すことができる。マーケティングの基礎的な内容として習うポジショニン

グ・ステートメントは、まさにこの一文のことを指している。

ターゲット顧客、商品、差別化、そして自社の強みといった4つの要素について網羅された、シンプルなステートメント。シンプルにするためには、ロジックを駆使して考え抜くことが必要になる。そう考えると、ポジショニング・ステートメントがしっかりしている商品が成功するのも納得できる。

このポジショニング・ステートメントは、キャリアマネジメントに応用できる有効なツールだ。特に新しいキャリアに挑戦する際にどうやって自分を売り込んだらよいのかについて、多くの示唆を与えてくれる。

それでは、これまでの項で行った自己分析をもとにして、自分という商品を高く売り込むためには何をしたらよいのか、早速考えてみよう。

■ポジショニング・ステートメントとは何か？

ポジショニング・ステートメントは、商品コンセプトをシンプルかつ明確に表現する一文。具体的には、①誰に対して、②どんな商品を売り、③どう差別化し、④どう自社の強みを生かすか、といった4つの要素を含んでいる。

例えば、A社が新発売するXという新車について、次のようなポジショニング・ステートメントで述べることができる。

〝毎日の生活で車を頻繁に利用する女性に対して、A社は自社の強みである低燃費技術を生かし、経済的でかつ安全面を強化したコンパクトカーXを新発売する〟

商品のコンセプトについて、一文で簡潔に述べることができている。それでは、4つの要素について、一体どんなことを検討しなければならないのか、順番に考えてみよう。

■ターゲットイコール誰に対して商品を売るのか?

まずは、ターゲット顧客についてだが、なぜその顧客層がターゲットになり得るのかについては、必ず理由が必要になる。

世の中を見渡してみると、顧客のニーズのすべてが満たされているわけではない。既存の商品やサービスに対して何かしらの不満や不足感を感じているはずだ。安くて美味しい外食を楽しみたいというニーズに、価格破壊メニューは見事に応えていたし、家庭回帰の流れやアウトドア志向という時代の流れによって生まれたニーズを、ＲＶ車やミニバンは満たしている。

商品のコンセプトを作り上げるときに最初に行うべきことは、この満たされていないニーズを発見することだ。そして誰がそのニーズを持っているのかを特定し、彼らをターゲットにする。

例で使ったポジショニング・ステートメントでは、毎日の生活で車を頻繁に利用する女性＝主婦がターゲットになっている。彼女たちはガソリン代をできるだけ抑え、かつ子供を乗せる機会が多いために安全な車に乗りたいといったニーズがあるということだ。

■どんな商品を売るのか？

ある顧客層のニーズを発見できた。次に考えるのは、どんな商品・サービスによってそのニーズを満たすかという点だ。これまでに顕在化されていないニーズの場合、そのニーズを具体的に満たす商品・サービスの内容を綿密な調査によって明確化することが不可欠だ。

A社の例では、まさにXの基本スペックである低燃費と高い安全性が、ターゲット顧客層のニーズを満たしている。

■どう差別化するか？

ニーズを持ったターゲット顧客が多い場合、つまり市場の規模が大きい場合には、競合他社も同様にその市場を狙ってくるだろう。言い換えるなら、マーケット自体は魅力的だが、そこでうまく差別化しないとターゲット顧客に自社の製品を買ってもらえない場合がある。

差別化にはさまざまな方法がある。商品コンセプトそのものでの差別化、価格での差別化、販売チャネルでの差別化などなど（次項ではマーケティングの基本的な考え方である４Pを使って詳しく説明する）。いずれにせよ、重要なのは自社の強みをどう生かすかがポイントだ。

例のコンパクトカーXは、低燃費を差別化のポイントとしている。

■自社の強みをどう生かして商品販売につなげるか

闇雲に差別化を実現しようとしてもそれが自社の強みと結びついていない場合は、成功の確率は低い。つまり、差別化を行う際に肝心なのは、自社の強みを生かして競合優位性を構築できるかという点だ。

他社にない生産技術やオペレーション能力がある、コスト競争力があるといった点、デザイン能力で競合他社に抜きん出ているといった強みを持っている場合、それらを活用するとよい。このケースで重要なのは、低燃費がA社の核となる技術だということ。この点からも、A社が低燃費をコンパクトカーXのアピールする内容として選んでいる点は非常に説得力があるし、勝算が高いだろう。

さて、ポジショニング・ステートメントを構成する4つの要素について、それぞれの考え方を説明した。成功する商品は各ピースの整合性が取れていて、ジグソーパズルのようにピタっと組み合わさっているものだ。

逆に失敗する商品は、どこかに無理があったり、矛盾があったりする。強力な差別化の方法を打ち出したはいいが、それが逆に顧客のニーズから外れてしまう、あるいは打ち出した商品コンセプトと自社のブランドイメージがズレていた、などということが考えられる。

■自分のポジショニング・ステートメントを書いてみよう

さあ、ポジショニング・ステートメントの考え方を理解したところで、これをキャリアに応用して考えてみよう。

具体的には、転職や社内でのポジションへの応募の際に①どの企業（ポジション）に対して、②どうやって自分を売り込み、③どう他のビジネスマン（応募者）と差別化し、④どう自分の強みを生かすか、という点についてそれぞれ明らかにし、説得力のある骨太のキャリア像を作り上げるという作業だ。

まずは、ターゲット企業や社内の部署を特定する作業だが、これは取り立てて説明するまでもない。人材を募集している企業や部署にニーズがあることは明らかだからだ。外資消費財メーカーのシカゴ・カンパニーがマーケティング部のスタッフを募集しているとする。さらに、求められている人材は本社とマーケティング戦略について議論しながら国内の計画を立てることだとする。

次に、売り込む商品はビジネスマンとしての自分そのものだ。これまでにどんなビジネス経験を積んで、どんなスキルセットを身につけ、どんな資格を身につけてきたのか、相手に簡潔に伝わるように、整理をしておくとよいだろう。なぜなら、それがあなたのポジショニング・ステートメントの商品部分をサポートする理由になるからだ。

そして、頭を使って考える次の作業に移る。自分の強みを生かして、どう他のビジネスマンと差別化するかについては、他の項目以上に深く考える作業だ。

あなたが持っている経験、スキルセット、資格が他のビジネスマンと比較して希少価値があるのか、応募先の企業や部署にニーズがあるのかの２つの観点から評価することが不可欠。この２つの条件を満たす項目は、あなたの強みとして生かすことができる。

さて、仮にあなたが次のようなキャリア・ポジショニング・ステートメントを書き上げたとしよう。

―外資消費財メーカーであるシカゴ・カンパニー・マーケティング部門へ応募する。なぜなら自分の強みである分析力と語学力を生かして、他の応募者以上に業務を遂行できるからだ―

面接に自信を持って臨んでいる自分の姿が目に浮かぶだろうか。

6

いよいよ就職活動！　自分という「商品」のマーケティング・マネジャーとなれ！——「マーケティング4P」手法の応用

就職活動の本番では、自分という「商品」を魅力的に見せ、効率良く売り込むマーケティングの手法が欠かせない。マーケティングの基本技4P（商品、価格、販売チャネル、宣伝・販促）の手法を応用し、就職希望先にベストな方法でアプローチせよ！

■タイプが違えば、マーケティングの方法は違ってくる

世の中には、誰にでも当てはまるようなキャリアアップの指南書があるが、実際にはそんなに簡単な話ではないのは読者のみなさんもご承知のとおり。ビジネスマ

ンのタイプが異なれば、どのようなキャリアアップのための活動をしたら良いのかは、それぞれ異なってくる。例えば、営業マンとSEでは、給与形態も違うだろうし、転職をする際に使う人材紹介・斡旋企業が異なってくるはずだ。

マーケティングでは4Pという基本コンセプトを習う。4Pとは、商品、価格、販売チャネル、宣伝・販促のことだ。この4つの項目について、それぞれ商品の特性を考慮しながらマーケティング戦略を仕立てるというのが4Pの考え方。

キャリアマネジメントにおいても応用できて、社内での新しいポジションに応募したり、転職したりする際にとても役立つ。なぜなら、キャリアマネジメントに関して核になる考え方を持っておくことができれば、具体的にどんなアクションを起こしたらよいか明確になるからだ。

■マーケティングの基本技「4P」とは

マーケティングは組み合わせの手法だ。どのような商品をどれくらいの価格で売るのか。そしてどのような手段でターゲット顧客にアクセスし、どう商品についてアピールするかについて、数多くの選択肢から、最高の組み合わせを考え出す。

4Ｐとは、マーケティング活動を行うときに検討すべき4つの項目のこと。具体的には、Product（商品）、Price（価格）、Place（販売チャネル）、Promotion（宣伝・販促）の頭文字を取った表現で、何とも覚えやすい、それでいて使える便利なツールだ。

まずは4Ｐの核となる最初のＰ、商品（Product）だが、これはまさに商品そのものであり、その背後にはどのターゲットに対し、どのようなニーズを満たす商品を提供するのかといったコンセプトが存在している（詳細については前項のポジショニング・ステートメント編を参照）。

例えば、30代ビジネスマンをターゲットとしたデオドラント靴下や、中小企業をターゲットにしたグループウェアなどなど。

2番目のＰ、価格（Price）について肝心なのは、一体その商品がターゲット顧客からいくらで買ってもらえるのかという点と赤字にならない価格はいくらなのかといった双方の点から検討する。

前述のデオドラント靴下の売価を決める際には、30代ビジネスマンが靴下を買う平均的な価格と、彼らがデオドラントという機能にどれくらいの価値を認めてプレミアムを支払うのか、また一方で、製造コストや販管コストから考えるといくらが最低価格になるのかといった点について検討して、最終的な価格を決めることになる。

次に3番目のP、販売チャネル（Place）について考えてみよう。ターゲット顧客へどう到達するか、そのためにはどのチャネルを選択するのがベストなのか、これらの点について商品コンセプトと同期を取りながら検討することが不可欠だ。

件のデオドラント靴下は、ターゲット顧客の30代ビジネスマンが利用する店舗で販売することが必要なため、大手百貨店やコンビニエンスストアなどが販売チャネルとして考えられるはずだ。そして、実際には自社の営業部門や卸売商・販売店との関係を考慮しながら、その中でどのチャネルに最も注力して販売するのかといった点について意思決定をする必要がある。

最後のPは宣伝・販売促進（Promotion）のP。これは商品・価格・チャネルの3つのＰで整えられた条件の下で、商品をターゲット顧客まで到達させ、どう顧客に購入を促進するかについて検討する項目だ。

その方法としては、ＴＶや雑誌等のコマーシャルでターゲット顧客の興味を引き、購買の契機にさせるプル型と、店頭での割引や特売などで購入を促進させるプッシュ型の２タイプがある。

例えば、幅広い層をターゲットにしている食品などの場合、ＴＶコマーシャルによって商品をアピールすることは有効だろうし、ターゲットを絞り込んだ商品の場合は別の手段、例えば専門誌への広告掲載やユーザーの集まる場所でのデモ販売等が効果的になる。

各要素に分解して、それぞれについて選択を行ったあとは、４つのＰがどう組み合わさっているのか、じっくりと考えてみよう。論理的な矛盾はないか、それぞれのＰが他のＰと比較して弱くないか、４Ｐを使った競合との差別化はできているか、そして結果として売り上げあるいは利益を最大化させる組み合わせになっているかについて。失敗するマーケティングは、４Ｐのどこかで間違った選択をしていることが多いものだ。

■4Pをどう組み合わせて最高の仕事を手に入れるか?

それではマーケティングの4Pの考え方をキャリアに当てはめて考えてみよう。基本的な考え方は、「自分のビジネスマンとしての価値」を、「いくら」で、「どのような手段を使って」、「どう意中の社内部門や社外の企業に売り込んで行くのか」といった内容になる。

商品のPは、ビジネスマンとしてのあなた自身。あなたという商品のコンセプトを際立たせるために、どんな強みがあって、それがどう他のビジネスマン(応募者)と差別化されているのか、という点についてそれぞれ明確にしておく必要がある。コンセプトを作る際に材料として用いるのが、あなたの持っているスキルセット、経験や資格、あるいは人としての魅力などだ。

価格のPは、あなたが付加価値を付けることで受け取る報酬になる。具体的には、基本給や、業績に応じて支払われるボーナス、その他の福利厚生を含めた内容が含まれる。当然のことながら、報酬のレベルは高い方が良いわけで、自分を高く売り込むことはけっして恥ずかしいことではないのだ。

その一方で、自分の商品価値から逸脱した、法外な報酬を要求することが良いというわけではない。あなたが要求する報酬がしっかりとした理由にサポートされていて、相手がそれを評価して高く買ってくれるのなら、相応の報酬を要求するべきだということ。

そしてとても肝心なことなのだが、あなたの商品としての魅力は、すべての社内部門や企業が高く評価してくれるわけではない。すべてのセグメントのニーズを満たせる商品が存在しないのと一緒で、すべての企業が例外なくあなたに高い評価をくれるわけではないのだ。商品で例えるなら、30～40代の男性ビジネスマンをターゲットとしているデオドラント効果のあるビジネス靴下は、彼らにはそれなりの価格で売れるだろうが、同じ値段で若い女性層が買ってくれる可能性は低そうだということだ。

販売チャネルのPは、どのような手段を使って社内の部門や企業にアプローチするかという考え方に翻訳できる。例えば、転職を考えているならば、キャリア誌の求人広告を見て企業に応募する方法やインターネットで応募する方法、人材紹介や斡旋を使う方法などが選択肢になり得る。

ただし、何でもよいから企業と接する機会が多くなる方法を選ぶというのはけっして最善な方法ではない。自分の商品価値の高さを演出するために、あえて人材斡旋にこだわるという選択肢だってあり得るはずだ。

広告宣伝のPは、どのようにあなたを売り込むかという方法に置き換えることができる。具体的には、質の高い履歴書を書く、面接で自分の価値をアピールするといったことだ。どんなに良い商品でも、顧客にその良さが伝わらないことには買ってもらえない。

同様に、あなたがどれだけ優れていて、かつ輝かしい業績を積んでいても、それを履歴書の上で表現できなければ、相手はあなたを高く評価できない。また、履歴書は、単なる事項の羅列では説得力に欠けてしまう。自分がどれだけ質の高い商品かについて、具体的な事実や、実績を折り込む必要がある。面接で自分をアピールするときにも同様だ。

■あなたは自分という商品のマーケティング・マネジャーだ

さあ、あなたは自分という商品のマーケティングを担当するマーケティング・マネジャーだ。思い入れのある素晴らしい商品を大ヒット商品に化けさせるために、4Pという便利で強力な道具を使いながら、しびれるくらい頭を使ってみよう。そして、自分でも納得できる強力なマーケティング戦略を作り上げることができたら、今度はそれを実行する番だ。

7

自分の「商品価値」を上げるためには、戦略的な自己投資が不可欠だ！
――「ポートフォリオ理論」の応用

企業に自分を売り込むにはマーケティングも重要だが、なにより自らの「ビジネスマン」としての価値を上げることが、結局最大の売りになる。

ファイナンスの「ポートフォリオ理論」を応用し、就職活動に邁進するだけでなく、自分のスキルアップにつながる「勉強」や「研鑽」の機会を効率的に増やしていこう！

■商品価値を上げるために、自分の経験やスキルを戦略的にマネジメントする

一体自分にどれだけの商品価値があって、それをどう売り込んでいけばよいのかについては、ポジショニング・ステートメントや４Ｐを使ったマーケティング手法

で理解できたのではないだろうか。

しかしながら、そもそも商品としての魅力がなければ、どんなに素晴らしいマーケティングの技を使ったとしても、やっぱり売れない。どれだけ宣伝広告に費用をかけて、アグレッシブなマーケティング活動を展開したとしても、ひどい商品はやっぱり売れないのだ。つまり、まずは良い商品ありきで、そのあとでどう売り込むのかについて考えることが必要だということだ。

ここでは、ビジネスマンとしての商品価値を現状よりも高めるためにどんなことをしたらいいのかについて、ポートフォリオ理論を使って考えてみたい。ポートフォリオ理論は、分散投資によってリスクを減らせるというメリットについてのコンセプトで、よく「同じ箱に、卵を入れるな」といった表現で語られる。

しかし、その考え方をキャリアマネジメントに単純に当てはめて、あれこれといろいろ経験やスキルに自己投資しましょうというのは、最善の方法ではない。重要なのは、限られた時間や資金をどう最適に使って、ビジネスマンとしての価値を高めていくかについて考えることだ。それでは、具体的にどうしたらよいのかについて考えてみよう。

■ポートフォリオ理論とは

ひとつの箱に複数の卵を入れておくと、衝撃が加わったときに全部割れてしまう。ところが、卵が1個ずつ収まる仕切りを作っておくと、何かがあっても全部が割れる可能性は小さくなる。ポートフォリオとはまさにこの〝仕切り〟という意味を持っていて、リスク管理の基本的な考え方だ。

株式投資を例に具体的に考えてみると、手持ちの資金をすべて1社の株に投資するのではなく、複数の企業に分散投資することで、リスクを減らそうということになる。しかし、これは最悪のシナリオで無一文にならないための保険でしかない。リスクを取るのはそれだけ高いリターンを得るため。

では、高いリターンを狙いながら、同時にリスクを取るとは一体どのようなことなのだろう？

仮にA社を世の中の景気が良くなると株価が上がる業界の企業だとしよう。例えば高級レストランや高級リゾートホテルなどを運営する会社だとする。一方で、B社を景気が悪化すると株価が上がる企業、つまり、世の中が不景気になると業績が向上する企業だとする。例えば、100円ショップや激安販売をうたったスーパーマーケットチェーンだとしてみよう。

景気の変動によって、この2社の株価は反対の動きをする。よって、景気変動によるリスクを回避するためには、手持ち資金をこの2社の株に分散して投資すればよさそうなことは、ここまででも理解できる。実際のところ、統計的にはこの2社の株に分散投資をすることによって、より少ないリスクで高い収益を期待できることが可能になるのだ。

A社のリターン（期待収益率＝1年間で期待できる株価の値上がり率）が10％、B社のそれを5％だとする。次にA社のリスク（標準偏差）を8％、B社のそれを3％だとする。

より具体的に言うと、A社の株は約7割の確率で2〜18％のリターンが得られる、少々リスクが高いが当たるリターンも大きい企業だということ。一方でB社の場合、2％から8％の間でリターンが得られる確率が約7割ということだ。

つまり、そんなに大化けはしないが、そこそこ堅く投資の見返りを狙える企業ということになる。さらに、この2社は景気変動によってそれぞれ反対に動くと仮定しよう（統計的にはこの関係を相関係数と定義する。ここでは0・4と仮定＝景気変動に伴い2社の株価は反対の方向に動く）。

実は、ここから面白いことが起こる。A社の株とB社の株への手持ち資金を分散して振り分けた場合、別々で持つよりもリスクを減らせるのだ。

具体的な例としてA社の株を20％の比率で、B社の株を80％の比率で保有するケースを考えてみよう。この場合、リスクは2・3％になり、B社の株を単体で持つ場合のリスクの3％よりも少なくなっている。同時にリターンは6％と、これもまたB社の株を単体で保有するより高いリターンが期待できる。

このように、景気によって動きの異なる株を組み合わせて保有することで、高いリターンをより少ないリスクで狙えるのだ。実際に、投資信託などの金融商品はこのポートフォリオの考え方を応用して商品を作り出しているし、企業が事業の多角化を行うのも同様の考え方にもとづいている。

■ビジネススキルの獲得に向けた、時間配分のポートフォリオを組んでみよう

ところで、このポートフォリオ理論の考え方は、どうキャリアマネジメントに応用できるのだろうか？

キャリアアップに向けて、プライベートの空き時間を使って努力しているビジネスマンは多い。具体的には、平日仕事が終わったあとや週末にスキルアップのための学校に通っているといったことで、自己研鑽に励んでいる。

しかし、プロフェッショナルなキャリアマネジメントを目指すのであれば、ただ闇雲に学校に通えばよいというわけではない。ここで頭を使って考えることが必要だ。いくらプライベートの時間と言っても、無限に使えるわけではないし、同様にスキルアップにかけられる予算にも制限はある。

例えばあなたがキャリアアップ転職に向けて、会計の勉強と語学力アップを考えていたとする。どちらか一方だけを学ぶ方法という選択肢もあれば、双方を同時に学ぶという選択肢もある。この場合、ポートフォリオ理論を当てはめて、次のように考えることが可能なのではないか。

あなたがキャリアアップの手段として転職を考えていて、次に働きたい意中の業界があるとしよう。そこでは、会計と語学の双方のスキルが求められるとする。ただし、それぞれのスキルについて求められる専門性は、業界内の各社によって異なる。よって、いくら会計と語学の双方で、非常に専門的なスキルを持ち合わせていたとしても、必ずしもその業界のどこかの企業でポジションを得られるとは限らない。

それに、そこまでの専門性が身につくまで学校に通うとしたら、相当の時間と費用がかかってしまって、転職の準備をするだけで何年もかかってしまう。目的はキャリアアップ転職に成功することであり、スキルアップに投資した時間が無駄になってしまうことは避けたい。

リスクを最小化させるためには、会計の学校に通う時間と英語学校に通う時間を、うまくバランスをとって組み合わせるということが必要だ。そうすることで、どの企業で面接をするにせよ、どちらのスキルがあることも示せるし、実際に双方のスキルを身につけていることに嘘はない。もしも、会計スキルにだけ時間を投資したとしたら、高い英語力を要求される企業で職を得られる可能性は低くなってしまうし、逆もまたしかりだ。

■単にいろいろなスキルに分散投資をすればよいというわけではない

キャリアマネジメントで必要なスキルや経験への投資については、もっと大きな視点から考えないといけないことがある。複数のスキルを獲得することは、自分の商品価値を高めるうえで確かに役に立つ。一方で、時間を分散して投資することによって、各スキルの習得レベルは浅くなってしまう。

現実には、ひとつのスキルに集中投資し、一点突破型で攻めた方が転職後に活躍できる可能性が高いことも多い。これから新しいスキルに時間と費用を投資するのであれば、そのスキルが業務で武器になる水準までしっかりと身につけることがやはり不可欠なのだ。

これは、学校に通って身につけるスキルだけには限らない。仕事をとおして経験を積む場合や、スキルを獲得する場合にも当てはまる。分散投資の考えを勘違いして理解して、何でもかんでもちょっとずつ知っているビジネスマンよりも、高い専門性を持ちながら、なおかつ守備範囲が広いビジネスマンの方が、活躍の場は広がる。

第1章で紹介した仕事を進めるプロフェッショナルなマネジメントの手法を身につけたうえで、やはり専門的な分野を持っておくことが必要なのだ。

ポートフォリオ理論の考え方にもとづいて事業の多角化を行っている企業があると述べたが、もともと自社に強みのない分野で多角化をして失敗した例は数かぎりない。単純に分散投資をすれば、リスクを減らして高いリターンを得られるというような話ではないのだ。

仕事を通じたスキルや、学校に通って身につけるスキルについても、分散投資でいくのか、集中投資をするのかという点は、しっかりと考え抜かないといけないということだ。

8

転職すべきか？　とどまるべきか？
転職する価値と会社に残る価値とを計算で比較してみよう
——「シナリオ分析」「オプション価値計算」の応用

転職でキャリアアップを図る場合、誰しもが悩むのが、ほんとうに転職したほうがいいのか、いまの会社にとどまったほうがいいのか、ということ。

そこで、まず「シナリオ分析」を応用して、自分の「オプション価値」を計算する。そのうえで、自らの道を選べ！

■転職の価値を事前に把握できれば、意思決定のときに役立つ

キャリアマネジメントは、大きな意思決定が伴う作業だ。これから自分がどんなビジネスマンになりたいのか、ビジネスマンとしての価値を高めるためには何をし

たらよいのか突き詰めて考えてみると、今の会社に残るべきか、それともリスクを覚悟のうえで転職するべきかといった問題に直面することが十分にあり得る。

　これは、企業がビジネスをするうえでも同じ。いくつか候補に挙がっている事業のうち、どれに投資をしたらよいか、あるいは今後進むべき方向についていくつかの選択肢がある場合、一体どれを選んだらよいのか。とにかく、意思決定を迫られる場面が多く、その際にシナリオ分析が有効なのは、第1章でも説明したとおりだ。

　さて本項では、仮に転職を選択肢として選んだ場合の考え方について、シナリオ分析を使ったオプション価値計算の手法を紹介したいと思う。基本的な考え方については、すでに説明したとおりなので、今回はより具体的な定量化の方法について事例を使ってみたい。

■シナリオ分析を応用して、プロジェクトの期待収益を計算する

第1章の仕事編でも紹介したが、シナリオ分析の目的はビジネスに伴う不確定要

素を把握することで、何について意思決定をしたらよいのか明らかにすることだ。そして、それぞれのシナリオで起こり得る結果を定量化し、具体的な数字を使って事前に検討できるメリットもある。

今回は、より実践的なシナリオ分析の使い方としてプロジェクトの期待収益、すなわちオプション価値をどう計算したらよいのかについて、簡単な事例を使って考えてみよう。

今、あなたの会社が2つのプロジェクトのどちらをスタートさせるかについて、事前に検討を行っているとしよう。プロジェクトAは、そこそこ堅いプロジェクトで、70％の確率で5億円の収益があがり、30％の確率で3億円の収益が稼げる。簡単に言えば、成功して5億円の収益を手にできる確率はかなり高く、逆にもしもそれほどうまくいかなかったとしても、3億円の収益は確保できるということだ。

一方でプロジェクトBは、大成功すれば10億円の収益を得られるが、その確率は20％ほど。もしも失敗してしまったら1億円の収益しか獲得できないが、その確率が80％もある、ハイリスク・ハイリターンのプロジェクトだ（実際のシナリオ分析では、例えば市場の成長や、競合他社の対抗処置といった具体的な不確定要素によってこの確率や収益は計算される。いずれにせよ、事前にしっかりと把握しておくべき内容だ）。

ここで、それぞれの収益の数字を眺めていても何も始まらないので、まずは各プロジェクトの期待収益を計算してみよう。プロジェクトＡの場合は

5億円×70％＋3億円×30％＝4・4億円

一方でプロジェクトＢの期待収益は

10億円×20％＋1億円×80％＝2・8億円

両者を比較してみると、プロジェクトＡをスタートさせた方が、得られる期待収益が大きくなるのが分かる。よって、通常の企業であれば、よほどのことがないかぎり、プロジェクトＡを選択することになる。

もちろん、例外的にプロジェクトＢを選ぶ企業もあるだろうが、その場合は社運を賭けて冒険しなければいけない局面に差し掛かっているというような、特殊な事情がある場合に限られる。

■転職する価値と、今の会社に残る価値を比べてみる

では、この期待収益計算を転職に当てはめて、転職する価値と、今の会社に残る価値について事例を使って計算してみよう。

あなたには今、キャリアに関して2つの選択肢を持っているとする。具体的には、今の会社に残るか、それともすでにオファーをもらっているコンサルティング会社に転職するかという選択だ。

現状の年収は500万円、コンサルティング会社からオファーされている年収は1000万円。一見すると、どう考えても転職した方が賢明な感じがするが、実はそれほど単純な話ではないのが厄介なところだ。

仮に今の会社に残った場合、1年後には70%の確率で昇進できそうだ。その場合、年収は600万円まで上がる。そう考えると、どうにももったいない感じがして、ついつい転職をためらってしまう。また、仮に昇進できなかったとしても、今の年収500万円はもちろん手にできるのはいうまでもない。

一方で、コンサルティング会社に転職した場合、１年後に自分がコンサルタントとして生き残れる確率は20％ぐらいだろう。学生時代の友人や、会社の同僚でコンサルティング業界に移った仲間の例を見てみると、どうやら5人に１人ぐらいしか、コンサルタントとして通用しないらしいことが分かっている。もしも自分が通用しなかった場合、再度どこかの会社に転職する必要がありそうだ。その確率は80％。そして、その場合は今と同じ年収５００万円しか手にできないとする。

それでは早速、シナリオ分析の手法を使って、今の会社に残った場合の期待年収と、転職した場合の期待年収について計算してみよう。

まず、今の会社に残った場合の、１年後の年収は

６００万円×70％＋５００万円×30％＝５７０万円

一方でコンサルティング会社に転職した場合の年収は

１０００万円×20％＋５００万円×80％＝６００万円

計算すると明らかなのだが、実は今の会社に残った場合も、コンサルティング会社に転職した場合も、それほど期待年収は変わらない。ついつい１０００万円とい

う高給にばかり気を取られて、冷静な判断ができなくなってしまいそうだが、シナリオ分析を使ってオプション価値を計算してみれば、２つの選択肢をきちんと比較できるのだ。

■給与以外についても、シナリオ分析は応用できる

シナリオ分析を分かりやすく説明するために、単純な年収の計算だけで２つの選択肢を比較してみたが、実際には転職する際に考えないといけないことはもっと複雑だ。

自分の商品価値を上げるためには、今の会社に残るのが正解なのか、それとも転職するのが正解なのか。あるいは、仕事で味わう充実感が２つの選択肢でどれくらい違うのかについても、やはり検討しなければならない。実は、シナリオ分析はこういった定性的な内容についても定量化して判断材料にすることもできる便利なツールである。

それでは、具体的にどのように定量化したらよいのかについても考えてみよう。例えば、ビジネスマンとしてより成長して、多くのキャリア資産を得られるのはどちらなのか計算する場合について見てみよう。

1年間で最大限の成長ができる場合を100として、今の会社に残った場合と転職した場合のそれぞれについて定量化してみる。より具体的には、コンサルティング会社では100の成長ができるが、今の会社に残った場合は50といったような具合に。

そして、それぞれについて期待年収の計算と同様に、確率を掛け合わせてみると、期待成長度合いの比較ができる。またほかにも、プライベートの充実といった、もっとソフトな内容についても同様の手法を使って定量化できる。どちらも年収の期待値計算と比べると、若干恣意的な内容になってしまうのだが、それでも定量化しないで考えてしまうよりも、意思決定をする際の材料として役に立つのだ。

いくつかのシナリオ分析を行ってオプション価値を計算してから、最終的にはそれらを総合的に判断して、今の会社に残るか転職するのかについて決めることになるのだが、その時点であなたの頭はかなりクリアになっているはずだ。

ビジネスマンとしての人生を左右する転職に関わる意思決定には、これぐらい時間と頭を使うべきだろう。

9

転職して得られるもの、失うものは、それぞれなんだろうか？
――「サンクコスト」の応用

いよいよ転職間近。ここでまた不安がひとつ。どんなに素晴らしい転職先だろうと、会社を変えれば、必ず得られるものと失うものとがある。管理会計・意思決定論で使われる「サンクコスト（埋没原価）」の発想で転職すると、どんなメリットとデメリットが生じるのか、あらかじめきっちり考えておこう。

■転職をすると、必ず得るものと失うものがある

ＭＢＡでは、管理会計や意思決定論などで、折に触れて〝サンクコスト（Sunk Cost）〟という考え方が登場する。簡単に言えば、「今となってはどうにもならない

ことは、判断材料から外しましょう」といった内容。

この考え方の目的は、意思決定のプロセスから余分な材料を排除し、よりシンプルにして判断しやすくするということだ。

キャリアをマネジメントするうえで、転職の意思決定をするケースも多いが、その際にあれこれと悩ましいことについて考えないといけない。特にこれまでの業界や業務から離れるときや前職で高い評価をもらっていた場合には、ついつい「もったいない」といった発想から意思決定が鈍ってしまうことがある。そんな場合に、サンクコストの考え方は非常に役に立つ。シンプルな意思決定ができるようになるからだ。

それでは、早速サンクコストの考え方について、具体的な例を使って見てみよう。

■サンクコスト（埋没原価）とは

冬の寒い日(ちなみにシカゴでは真冬にマイナス15度以下になることもあった)、

あなたはバスを待っている。北風に耐えながらもう20分も待ち続けている。ところが、バスは一向に来る気配がない。このまま待ち続けたらよいのか、それとも諦めて歩き出すのがよいのか？

ここで意思決定する内容は、これから何をしたらよいのかということだ。例えば、目的地に行くために歩いたとしたら何分かかるのか、今から歩いたとして約束の時間に間に合うのか、あるいはタクシーはすぐにつかまえられるのか、いずれかの選択をする場合、あと何分間こうしてバスを待つ時間的余裕があるのか。これらのことについて検討し、何をするのか決めることが必要になる。

これまでに20分間バスを待っていたということは、ここで意思決定をする際に、検討材料として使ってはいけない。この「バスを待つことで無駄にした20分」はサンクコスト（埋没原価）であり、今さらどうにもならないのだ。

しかし、普通はここで「せっかく20分も待ったのだから、もったいない」と考えてしまうのが一般的だし、さらに数分前に別の誰かがバス停にやってきて、あなたの横で同じように待っている姿を見たりすると、「ここで歩き出して、すぐにバスが来たとしたら腹立たしい」と思ってしまう。

結果として、意思決定するタイミングを逃し、しかもバスは大幅に遅れて、約束の時間に遅れてしまうといった最悪の結果になりかねない。

もう一例、今度はビジネスの例を使って考えてみよう。

あなたの会社がXという製品を販売しているとする。ところが、ライバル企業が新技術を導入した最新の商品を発売し、もはやXは型落ち製品として顧客にまったくアピールしない商品になってしまった。この場合、Xの商品在庫はどう処分したらよいのだろうか。

結論から言えば、Xはサンクコスト化してしまったということになる。仮にXの生産コストが1製品当たり500円かかっていたとしても、それは過去の遺産であって、現時点でライバル企業との競争には勝てない。

この場合、この型落ち商品Xがいくらなら市場で受け入れられるかを考えるべきだ。例えば、100円まで値下げすれば売れるのなら、そうすることで多少のコストは回収できる。サンクコスト化した500円の原価にこだわって、昔の価格で売り続けるとしたら、事態は悪化する。

以上の例からサンクコストについての考え方を理解できただろうか。今、自分が意思決定できることは何か、逆にもはやどうにもならないことは何かを明らかにすると、何がサンクコストになるのか分かる。他の人よりバスを20分余計に待っていたことで、他の人より早くバスに乗れる訳ではない。起こってしまった過去はもはやコントロールできないのだ。

■キャリアマネジメント上、何がサンクコストになるのか

転職を決意したあとにでも、「これまでこの会社で過ごしてきた時間と、身につけてきた経験が無駄になってしまってもったいない」と悩むことは多い。しかし、サンクコストの考え方を当てはめると、頭の中はすっきりと整理される。それでは、キャリアマネジメントにとって、何がサンクコストになるのか考えてみよう。

まずは、これまでに費やした時間、そしてその間に得た経験や身につけたスキル

はサンクコストかキャリア資産かという点について考えてみよう。結論から言えば、それらはキャリア資産にも、サンクコストにもなり得る。今の仕事をとおして、その業界に特有の知識や業務を身につけたもののまったく違った業界に転職する場合には、それらの知識や業務経験はサンクコストになってしまう。

具体的な例を使って考えてみよう。

あなたがこれまで銀行の支店に勤めていて、ある日思い立って広告代理店に転職した場合、銀行時代に身につけた支店業務の知識が広告制作に必要な業務知識として使える可能性はほとんどない。つまり、この転職では銀行で身につけた知識や経験はサンクコストになってしまうということだ。

一方で、業務をとおして得た分析力や交渉力などのスキルが転職先の業界でも十分に使えるとしたら、それらはキャリア資産になり得る。あなたが銀行の支店に勤めていた時代に顧客との関係を保ち、適切なアドバイスをするスキルを身につけていたとしたら、それは広告代理店に転職しても、クライアントのマネジメントで十分に生かせるということだ。

これまでに勤めていた企業から、まったく違った業界で、しかもこれまでに経験したことがないような業務に転職しようとしているなら、この分析をすることは非常に重要だ。

将来に向けた自己投資として転職をするにしても、自分が転職先で短期的にどのような付加価値がつけられるか、中長期的に何をしなければならないのかについて把握しておくことが必要だからだ。いくら長期的なキャリアマネジメントで新しいチャンレンジが必要だとしても、転職先で使い物にならなかったとしたら、それ以前の問題になってしまう。

次に、ちょっと悩ましい事例についても触れておこう。それは「前職で高い評価をもらい続けていた場合、転職の意思決定をどう考えたらよいのか」というケースだ。優秀な人材が新たな機会を求めて外に飛び出す場合、この問題は必ずついてまわる。しかし、これもサンクコストの考え方を当てはめると整理できる問題だ。

あなたが銀行の支店に勤めていた数年間は、支店長から素晴らしい評価をもらい続けていたとしよう。そして、このままこの評価をあと数年続けることができれば、同期の中では最も早い年次で昇進できる可能性があるとする。このような場合、一体これまでもらった高い評価をどう考えるべきなのだろうか。

結論から言ってしまうと、高い評価そのものは、転職時にはサンクコストになってしまう。本当にもったいない話だが、これはまさにサンクコストそのものだ。しかし、よくよく冷静に考えてみると、これまでもらってきた高い評価は、あなたが優れたスキルを身につけて、実績を上げた結果なのだ。つまり、評価はサンクコストになってしまうが、あなたの中にはキャリア資産であるスキルが残っていることになる。

逆に、銀行にこのまま残るのであれば、これまでの高い評価はキャリア資産として武器になり得る。ただし、それがあくまでその企業の中だけで通用する武器でしかないことは冷静に理解しておくべきだ。また、いくら高い評価をもらってきたからといって、それは過去の話。今後もスキルアップが必要になるのは言うまでもない。

■短期的なサンクコストにこだわりすぎないことが重要

結局は、あなたがビジネスマンとしてどのようなキャリアをマネジメントするのかという点に帰結する。短期的なサンクコストに一喜一憂することなく、長期的にどうキャリア資産を積み上げ、ビジネスマンとして成長したらよいのか考えられれば、道は開けるはずだ。

10

究極の転職は独立して起業だ！そのとき考えるべき4つの項目――「ベンチャーファイナンス」の応用

ある意味で究極のキャリアアップとは、独立して起業し自ら社長になることだ。けれども、ベンチャーはリスクの塊。まず、自分が興す会社の可能性を、投資家たるベンチャーキャピタルの視点に立ち、事業機会、戦略、経営陣、投資リターンという4項目について、冷徹に分析すべし。分析なき起業は、キャリアアップどころか死を招く。

■ベンチャーキャピタルになったつもりで自分の会社を評価してみる

これまでは、今の会社に残るにせよ、あるいは転職するにせよ、企業に勤めるビジネスマンとして、どうキャリアをマネジメントしたらよいかについていろいろと説明してきた。ところが、この2つでキャリアの選択肢すべてを網羅しているわけでない。自ら会社を興して、独立するという選択肢だってあり得るのだ。

本項では、独立する場合に、どんなことを考えたらよいのかについて紹介したい。結論から先に言ってしまえば、まずは投資する側の立場に立って、あなたの会社を客観的に評価することが重要だということになる。つまり、自分がベンチャーキャピタリストになって、投資したい案件になっているのかチェックすべきということだ。

何か素晴らしいアイデアがひらめいて会社を興したとしても、それが事業として成功するためにはさまざまな要件をクリアすることが必要になってくる。いくらアイデアが優れていても、経営がまずいと失敗してしまうということだ。

それでは、ベンチャーキャピタルが投資案件を検討するときに、どんな評価項目を持っているのかについて、みてみよう。

■ベンチャーキャピタルが評価する4つの項目

ベンチャーキャピタルが、あるベンチャー企業に投資するかどうかについて検討する際には、基本的に4つの項目で評価をしている。すなわち、事業機会、戦略、経営陣、そして投資に対するリターンがどれくらいになるのかといった点だ。

では、それぞれの項目について、具体的にどんな評価をしているのかについて考えてみよう。

まずは事業機会について。これは、その企業が参入しようとしている（あるいはすでに参入している）市場がどれくらい魅力的なのか、そしてその市場でどれくらいの事業規模になり得るのかを評価する項目だ。

具体的には、現時点でその市場の規模がどれくらい大きいのか、また、その市場は今後何％ぐらいの成長が見込まれるのかについて、まずは数字を押さえておく。そのうえで、投資を検討しているベンチャー企業がどのセグメントを狙い、結果としてどれくらいのシェアを何年かかって獲得できそうなのかについて評価する。いくらアイデアが優れていたとしても、それが大きく成長する可能性がないとしたら、投資に値しないということだ。

次に、戦略について考えてみよう。

前章で、戦略論の基本的な考え方についてはいくつか紹介してきたが、ベンチャーキャピタルが戦略について評価する際も、同じ手法を使っている。

具体的には、その企業の強みは一体何なのか。例えば、他社にない技術やノウハウといったリソースについて、どんな強みを持っているのか。そして、その強みをレバレッジした戦略を構築できているのか、また、その具体的な展開であるマーケティング戦略の４Ｐはしっかりしているのかといった点について、詳細に評価を行う。つまり、考え抜かれた戦略のない企業は、そもそも成功するはずがないと見なしているということだ。

そして、経営陣についても評価するのだが、実はこの点については非常に重要視される。企業は人なり。特にベンチャー企業の場合は人材が限られている。この経営者や経営陣だったら、投資してもよいと確信できるかどうかが、投資するかどうかの大事な要素になるということだ。

具体的には、経営者の持っているスキルや経験について、どのような強みがあるのか評価するのはもちろんのこと、熱意やその企業に賭けるコミットメントの高さについても見る。つまり、優秀な人材が、どれだけ本気になってその事業に取り組んでいるのかを、評価するということだ。

最後に、投資から得られるリターンがどれくらいになるのかについても計算する。

具体的には、そのベンチャー企業の事業価値を現在価値に割り戻して、いくらになるのか。また、必要な投資金額はいくらになるのか。そして、その企業が成長したときには、投資金額の何倍になってリターンが戻ってくるのかについて試算を行う。最終的にはこの試算が投資するかどうかの意思決定の際に重要な要素になるのだが、試算する際に必要な市場規模やシェアといった数字は戦略によって大きく左右されることは言うまでもない。

■自分の会社にあてはめて考えてみる

それでは、具体的な例を使って、自分の会社を評価する方法についてみてみよう。あなたが仲間と一緒に、有機野菜を使った高級弁当を販売する会社を興して独立しようと考えているとする。もし仮にベンチャーキャピタルに相談した場合、彼らの厳しい評価に耐えられるかどうかについて考えてみることで、あなたの会社が成功するかどうか、かなりの示唆を得られるはずだ。

まずは弁当市場について数字を集めてみる。そしてその中で、有機野菜の高級弁当の市場が現時点でどれくらいの規模なのか、また今後どれくらい成長する可能性があるのかについて調べてみる。情報収集や分析については、これまでに紹介した手法で行えばよい。そこで「いける」という確信が持てるとしたら、事業機会はあるということだ。

次に戦略について考えてみる。まずは、どのセグメントの顧客をターゲットにしたらよいのか、そして彼らのニーズを満たすためにはどんな商品を提供したらよいのかについて、ポジショニング・ステートメントを書いてみる。

一方で、あなたの会社の持つ強みをレバレッジした戦略が実行できるのかについても考え抜くことが必要だ。あなたの会社の強みとして、ある有機野菜の生産業者から独占供給権を得ることに成功した、あるいは起業メンバーの一人は高級割烹で修行したことがある料理人、そしてまたあなたは昔小売店舗の運営に携わっていて、ノウハウを持っているといったことが挙げられるとしよう。

これらをレバレッジすることで、他社にない独自の戦略を構築できる。競合他社にない強みを生かしたマーケティング活動ができるということだ。

そして次に経営陣について自己評価してみる。起業メンバーは3人。戦略に関する評価と重なる部分もあるが、あなたは店舗運営のノウハウを持っている、そしてメンバーの1人は高級割烹で修行した料理人。また、もう1人のメンバーは、元銀行員の友人で、特に中小企業の財務管理についてはプロフェッショナルだ。この3人のスキルと経験を生かせば、この事業を運営するために必要な能力はカバーされる。

また、3人のこの事業にかける意気込みは非常に高いとしよう。そもそもこのアイデアに賛同したのは、既存の食品業界に対する怒りが出発点だった。毎日口にする食品を、消費者をだますような売り方をしてはいけない、そして本来の野菜のおいしさを子供たちに教えてあげたいという一心で、3人は結びついている。この気持ちが変わらないかぎり、高いコミットメントを維持できるはずだ。

肝心の事業試算についてだが、これはいくら売り上げが見込めるのかそしてどれくらいの利益があるのかについて、数年分の数字を作る必要がある。

一方で、店を構え、運転資金を準備するためには、いくらの投資金額が必要なのかについても試算する。堅く試算して、それでもなおかつ投資のリターンが得られるという結果が出たとしたら、それは「いけ」というサインだ。

■どんどん進化する事業に対応していくためには

成功したベンチャー企業は、よく「今成功している私の会社の事業は、当初のビジネスプランから、まったく違ったものになってしまった」というコメントをすることが多い。

つまり、ベンチャー企業は不確定要素に左右される度合いが大きく、予想もしていかなった危機やチャンスが訪れるということだ。これらにうまく対応するためには、分析や意思決定のスピードと、そして何が起こっても事業を投げ出さないコミットメントの高さが必要になる。独立して会社を興そうと思っているならば、この2つをいつも意識しておくことが不可欠だ。

第3章

プライベートライフのマネジメントにもMBAを使っちゃえ！

1

するのが得？　独身貴族が得？　結婚をマネジメントの視点で考える——「M&Aファイナンス」の応用

仕事や就職以上に究極的に難しい問題、それが結婚だ。結婚という意思決定で多大なミスを犯した事例は数限りない。失敗のない「もっとも実りのある」結婚とは何か。ここはひとつ結婚を「買収」もしくは「合併」と見なし、「M&Aファイナンス」を応用して、あなたの結婚をマネジメントしよう！もう失敗はない⁉

■結婚とは、なかなか難しい意思決定だ

結婚という意思決定はなかなか難しい。
ある日突然お互いにとって理想の相手と出会って、何の迷いもなく結婚し、その

後は素晴らしく幸せで生産的な結婚生活が送れる、といった最高ケースはまれ。現実には、〝この人と結婚したいな〟という気持ちを持ちながらも、いろいろと悩むことが多いのではないだろうか。

ところで、MBAでは基礎科目を一通り習ったあとで、それらの集大成としてM&A（合併・買収）について学ぶ。企業にとって重大な意思決定事項だけに、問題も複雑だし単位を取るための作業も大変なのだが、非常に得られるものも多い。その中でも、M&Aによってどれくらい企業価値を増大させることができるのかについての考え方は、示唆に富んでいる。

具体的には、成長のために時間を買い、M&Aによってそれまで眠っていた価値を引き出すことで企業価値を増大させるという考え方だ。併せて、必ずしもバラ色になるとはかぎらないM&Aに、どんなリスクがあるのかについても考察する。

このM&Aに関わる一連の考え方は、これから結婚をしようと考えている人にとって、応用ができる優れものの考え方だ。個人としての成長と結婚、結婚による新しい価値の創出、そしてリスクは何か。これらを事前に分析しておくことで、モヤモヤとした悩みの多くを解決できるはずだ。

それでは、M&A（合併）のモデルを使い、結婚という重大な意思決定で何を考えたらよいのかについてみてみよう。

■そもそもM&Aは何のためにするのか

M&Aの目的は企業価値の増大だ。複数の企業がひとつになると、企業規模が大きくなるが、それだけでは1＋1＝2にしかならない。これを1＋1＝3や4に高めることを目指すのがM&Aの目的。この上積み部分が企業価値増大の源泉になる。

では、どうやってこの上積みを実現するのだろうか。

結論から言えば、2つの方法があるということ。1番目には、「成長を加速させるために時間と資産を買う」、2番目には「ひとつの会社になることで非効率を解消し、眠った価値を引き出す」ことだ。それでは、それぞれどのような方法で企業価値を増大させることができるのか、考えてみよう。

■成長を加速させるために時間と資産を買う

企業の規模を拡大するために、新しい事業を立ち上げるという手法が用いられることは多い。例えば、既存の商品ラインアップを追加して販売のチャンスを広げる、あるいは自社の強みを生かして、まったく新しい事業を立ち上げるといったケースだ。いずれにせよ、うまくいけば企業価値を高めるための「成長」という武器を手に入れることができる。

しかし、新しい事業を自前でゼロから立ち上げるのは簡単なことではない。そのための施設や人材、ノウハウといった資産を何もないところから構築していかなければならないからだ。

この方法だと膨大な時間がかかる。数年という準備期間を経て、ようやく新規事業をスタートするといったことにもなりかねないし、その時点ですでに競合他社に市場を占有されてしまっているというようなシナリオも十分に考えられる。

一方で、自社に足りない商品ラインアップや先進的な技術などの強みを保有している企業が存在するとしよう。その場合、それらの企業とM&Aでひとつの企業になったほうが、成長するための時間を短縮できるし、確実だ。つまり時間と資産を買うことで、成長を加速させることができるのだ。

あなたの会社A社は化粧品大手メーカーで、これまで女性用の基礎化粧品で成功してきたとしよう。しかし、近年競争が厳しくなってきて、それまでに比べると成長のスピードが鈍ってきているとする。一方で、男性用の化粧品マーケットは急速に拡大していて、いくつかの中堅メーカーが成功している。

この場合、仮にその中の1社B社とM&Aを行った場合、すぐに男性化粧品のラインアップを手にすることができるし、A社のブランド力や販売チャネルといった強みを生かして、中堅メーカーのB社単体だけでは得られない成長のスピードを確保することだって可能だ。

このようなケースの場合、M&Aは企業価値増大に威力を発揮する。

■ひとつの会社になることで非効率を解消し、眠った価値を引き出す

一方で合併・買収によって、別々の会社でいるよりも効率的な企業経営を行うこともできる。これもまた、企業価値を高める力があるし、現実的にはこの効果を狙ってＭ＆Ａが行われるケースが多い。

その中でも最もよく使われるのは、Ｍ＆Ａによるコスト削減だ。

前述の化粧品メーカーの場合、合併によって年間10億円のコスト削減ができるとしよう。具体的には、生産設備を共有し採算の悪い工場を閉鎖する、販売部門を統合し余剰人員を削減する、会計システムを統合する、また信用力の高いA社が資金調達を行い、借入金利を下げるなどで、コスト削減が実現できるとする。この場合、仮に年率５％の割引率で試算した場合、企業価値は２００億円増大する。

昨今のＭ＆Ａ事例を眺めてみると、やはりこのコスト削減を主たる目的としているケースが多いのが分かるだろう。メガバンクの誕生はまさにこの典型例だし、筆者のいた石油業界でも同様。また自動車業界でもこの側面は強い。規模の経済が効

く業界では、コスト削減が企業価値増大の源になっているということだ。

■ただし、M&Aがうまくいかないリスクも

メリットだけ考えるとM&Aは素晴らしい手法のように見える。

しかし、それまで別々の会社がひとつの企業体になることが、一筋縄ではいかないことは容易に想像できる。そこにはさまざまなリスクが伴う。そして、それらがマイナスに影響してしまい、本来得られるはずだったM&Aの効果が実現されないばかりか、企業価値を逆に落としてしまう場合すらあり得る。

では、実際にどのようなリスクがあるのだろうか。

まずは、社内の慣習や文化の違いがリスク要因として挙げられる。

まったく異なる会計システムを使っていて、情報システムの共有や統合ができない、あるいは人事や給与制度などが違いすぎる、または、仕事の進め方にギャップがありすぎて組織を一緒にできない、などが考えられるシナリオだ。

そして何よりも、特に企業文化がかけ離れている場合、仮にシステム面や運営面での統合ができたとしても、従業員の働くモチベーションが低下してしまう可能性が高い。企業の根本から崩壊が始まってしまうのだ。

つまり、企業としての理念が同じ方向を向いていないと、合併後に非常に苦労するということだ。

■結婚はＭ＆Ａだ

それでは、結婚についてＭ＆Ａの手法を使って考えてみよう。

結婚において、時間や資産を買う、非効率を解消し価値を生み出すとはどのようなことなのか、そしてリスクとは何なのかについて、具体的な例を使いながら順番に考えてみたい。

まず、結婚することで手にする資産は、自分にない相手の能力や性格だ。それらが補完的に組み合わさることによるシナジーが得られるとしたら、結婚による効果はそれだけ大きくなる。

あなたが結婚を考えている相手が、語学力に長けているとしよう。彼（彼女）と結婚することで、海外旅行や留学に対するメンタルハードルは低くなるし、相手から教えてもらうことだってできる。また、お互いに違った性格がうまく補完し合って、人間としての幅が広がるといったことも考えられる。

重要なのは、結婚によって得られる資産が将来どんな付加価値を生み出すのかという点だ。ビジネスマンとしての成功、人間としてのゴール、そして結果として手にするであろう報酬や満足度はどれくらいなのか。これらについて検討したときに、結婚がプラスに作用する確信が持てたとしたら、そこが決断するタイミングになる。

一方で、結婚によって解消される非効率は、一緒に生活することによって削減できる生活コストだ。あなたと相手の毎月の生活費は、同じ場所で生活するとトータルで下げられる可能性は高い（親元から通勤している場合は少々事情が異なるが……）。住居費、食費、光熱費、その他もろもろの生活費について、固定費を共有できる効果は大きいからだ。また結婚することで得られる税制のメリットがあることも忘れるわけにはいかないし、実はこれもあなどれないぐらい結構な額になる。

ところがバラ色の話ばかりではない。結婚にもやはりリスクはある（当たり前だ）。

例えば育ってきた慣習の違いや考え方の違いから発生する、いわゆる「性格の不一致」によって結婚がうまくいかないリスク。この点については、世間に膨大な言説が溢れているのであえて本書では詳細について触れないが、つき合っていた期間に作った仮説が、実際に結婚してみるとまったく外れたといった事態が多発しているようだ……。

そんなときは「M&A解消」というのもひとつの解決策かもしれない。要は「別れちゃう」というやり方である。

しかし、実際にはこれほどサクサクと分析をベースに結婚できるかというと、けっしてそうではないことは読者のみなさん自身がよくお分かりのことだと思う。現実には、もっと感情的で感傷的なものが結婚の意思決定にはまとわりついている。

例えば、お互いに結婚を意識しながらつき合ってきた期間の楽しい時間や思い出を、一体どう解釈したらよいのかという点だ。

結論から言うと、そういった時間や思い出は、結婚すれば資産になる。そしてその資産は結婚生活が暗礁に乗り上げたときに二人を救ってくれるだろう。ふとそれらを思い出したりしたときには、楽しい時間という付加価値を生み出してくれる。

一方で、もしも結婚をしないと意思決定した場合、共有した楽しい時間や思い出はサンクコスト化してしまう。まあ、実際にはそこまで割り切れるほど人間は強くないが……。

■現実的には……

結婚には勢いが大事。気持ちが高まったときこそ結婚のタイミングで、あれこれと打算で結婚すべきではないという意見には大賛成だ（筆者もロマンチストの１人なのでして……）。

また、いろいろと噴出する問題には、結婚してから力を合わせて立ち向かっていけばよいといった意見も、そのとおりだと思う。もしも思い描いていた結婚生活と、実際の結婚生活がかけ離れてしまって、お互いが苦痛以外何も感じられなくなったとしたら、結婚をリセットする手段もあるわけだし。

いずれにせよ、どのようなことを考えて、あるいは感じて結婚という意思決定するかはあなた次第。その際に、少しでもリスクを減らしたり、その後の人生を幸せに満ちた生産的なものにしたりするために、今回のＭ＆Ａの内容が役立つとしたら良いのだが……。

2

毎日後悔してばかり…。いや、MBA流で機会損失のない生き方を！
――「オポチュニティー・コスト」の応用

仕事以上に人生というのは不確定要素に満ちている。そのため、我々は常に「ああすればよかった」と後悔をしがちだ。けれども「後悔先に立たず」。後悔する前に、機会損失をしないよう、MBA流「オポチュニティー・コスト」の考えを応用し、あらゆる機会をとりこぼさないように努力する。すなわち、人生の「最良の道」を選べるのだ。さあ、MBA流で、もう死ぬまで安全!?

■後悔は未然に最小化できる

「あの時こうしておけばよかった」そんな言葉をつぶやきながら、後悔の念にかられる経験は誰にでもある。仕事、キャリア、そしてプライベートで、事前に結果が分かっていたら、もっと違うことをしていたはずなのに……。

結果が出てから後悔したところで、もう遅いのだ。

このような後悔をするときは、実際には事前にきちんと考えていなかった場合が多い。起こり得る結果を予想して、そのときに最善の意思決定は何なのかきちんと理解しておけば、事前に後悔することを防ぐことができたはず。つまり、機会損失を最小に抑えることができたはずなのだ。

ＭＢＡでは、機会損失（オポチュニティー・コスト）という考え方を習う。目の前のチャンスだけでなく、他に考えられるチャンスと比較して、本当にどちらを選ぶのが最適なのかについて考える手法だ。

具体的には、ある意思決定をしなかった場合に、本来そこから得られるはずだった売り上げや収益をコストとして計算する手法で、複数の選択肢がある場合に用いられる。

そしてこの機会損失という考え方は、仕事、キャリア、そしてプライベートにも応用できる。あり得る選択肢について幅広く考えることで、最も良い結果が得られそうなものを事前に選ぶことができるからだ。
それでは、後悔を未然に防ぐ機会損失の考え方について、事例を使いながら考えてみよう。

■オポチュニティー・コストは釣り損ねた魚

あなたの会社が家電商品を生産しているメーカーで、今、新商品への投資機会について検討しているとしよう。具体的には、競合他社にないいくつかの独自の機能を盛り込んだ洗濯機Aの発売を検討しているとする。

顧客のニーズや競合の動きなどを入念に調査した結果、Aは年間5億円の売り上げが期待できそうなことが分かった。これまでの自社の他製品の販売実績から考えても悪くない数字だ。営業からも、早くAを売り出してほしいとの声が強いし、これまでの新製品と比較してもかなりの実績が出る商品になることは確かだ。商品の開発や生産設備の整備などで必要な投資金額は10億円。これも今年の新商品への投資予算15億円内に収まる。

この投資機会にＧＯサインを出すべきか否か。

答えはイエスだろう。新商品Ａが成功する確率は高く、十分な売り上げも見込める。もし投資機会が洗濯機Ａだけだとして、そして投資の原資があるのだとしたら、ここで迷う理由はない。しかしながら、もしも仮に他の投資の機会があるとしたら、話はがらりと変わってくる。

ある日、冷蔵庫の商品企画開発をしている部門から、冷蔵庫のニューモデルＢに関する報告が上がってきた。年間売上は10億円、必要な投資金額は15億円。洗濯機Ａと同様に、顧客のニーズにマッチし、競合他社へ優位性を築ける素晴らしい新商品のようだ。冷蔵庫Ｂが成功する確率は洗濯機Ａと同様に高いだろう。この場合、洗濯機Ａと冷蔵庫Ｂのどちらに投資したらよいだろうか。

答えは明確だ。

よほど特殊な事情がないかぎり、冷蔵庫Ｂに投資するのが正解になる。投資予算は限られている。その中で、より売り上げが大きく、投資回収期間も短いＢに投資することは、正しい判断だ。

一方で、もし洗濯機Aに投資する意思決定をしてしまった場合でも、収益的な損害は発生しない。しかし、この場合には、多大なオポチュニティー・コスト（機会損失）が発生してしまう。本来、冷蔵庫Bを発売することで得られるはずだった売り上げ機会が、洗濯機Aを発売することで失われてしまったのだ。

では仮に洗濯機Aを選んだ場合、具体的なオポチュニティー・コストはいくらなのだろうか。

まずはコスト。失われた冷蔵庫Bの売り上げ10億円。一方で、投資金額は5億円セーブできる。仮に預金金利が2％だとした場合、1000万円をセーブできる計算だ。

結果として、洗濯機Aに投資することを選んだ場合のオポチュニティー・コストは9億9000万円になる。洗濯機Aの売り上げが5億円なので、オポチュニティー・コストを使って算出する最終的な損益はマイナス4億9000万円。投資の意思決定としては間違いなく失敗だ。

オポチュニティー・コストを意識せずに経営判断を行っている例は非常に多い。経営判断を行う際に、きちんといくつかのオプションを考えておかないと、オポチュニティー・コストが発生してしまうのだが、このオプション出しという作業はかなり面倒な作業だからだ。そこまで手間と時間をかけて意思決定をしているケースは少ないということになる。

オポチュニティー・コストの考え方が与えてくれる示唆は、幅広いオプションを出し、それらを比較検討することの大切さだ。一度にできることはかぎられている。何をすべきかについては、しっかりと頭を使って、最善の意思決定をしたいものだ。

■機会損失をしない生き方をしよう

仕事を例にとって考えてみよう。

プロジェクトが順調に進んでいたとしても、あるとき、素晴らしいチャンスが巡ってくることがある。そんなときは、もしそのチャンスを逃してしまったとしたらどれくらい機会損失があるのかしっかり分析して、すぐ行動に移そう。新しい技術を取り入れることで、売り上げを増やせる可能性がある。一方で、現状のマイナーチェンジだけでも、10％ぐらいであれば伸ばせそうだ。

この場合、その新しい技術でどれくらいの売り上げ増が見込めるのか、しっかりと分析して、オプションのひとつとして検討しないかぎり、オポチュニティー・コストがどれくらいなのか計算できない。

非常に労力がかかる作業になるし、プロジェクトで人手が足りない場合、ついつい後回しになりがち。しかし、1年後に、競合他社がその新しい技術を使って成功している姿を目の当たりにすると、「やっぱり、あのときに新技術の導入を決めておけばよかった」と後悔することになる。こんな思いはしたくないものだ。

キャリアマネジメントでも話は同じだ。

仮に、今の仕事はそこそこ面白くてそれなりに成長できる業務の内容だとする。給与もそれほど悪くないとする。だからといって、来年もこのままでよいと思ってしまうのは、プロフェッショナルなキャリアマネジメントとは程遠い姿勢だ。今のままでよいのか、それとも別のことに挑戦する必要があるのかどうかについて、もっと大きな視点で考えみるべき。

すなわち、今よりももっと貴重なキャリア資産を身につけられる機会がないか考えてみるということだ。きっと、このままでよいと結論づけられるぐらいに、素晴らしいキャリアを満喫している人は少ないはずだ。

さらなる成長のために、社内で別のポジションに挑戦する、あるいは思い切って転職するという選択肢だって考えられるはず。それらを考えもせずに、漫然と今の仕事に没頭しているようでは、機会損失は必ず発生する。そして成長するためのチャレンジに制限がかかるような年齢になってから、「やっぱりもっと若いうちに、いろいろなスキルを身につけておけばよかった」と思っても後の祭り。定期的に自分のキャリアについて考察することで、このような最悪のシナリオは避けたいものだ。

プライベートでも同じことが言える。

今の時代に、今の年齢でしかできないことは山のようにある。目先の心の平安や、そこそこの幸せに満足することなく、何か新しいことに果敢にチャレンジするぐらいの気概がほしいものだ。

気力と体力があるうちに、思い切って数年間海外に行ってきたっていいではないか。それこそ、キャリア構築とは切り離して、国際社会で自分がどれだけ通用するのかを試すためだけに、ＭＢＡ留学したっていい。

実際に海外生活を経験すると、国際社会で日本人はどのようにして存在価値を出したらよいのかについて多くのことを学べる。そのような経験が、自分の将来にとってプラスになるのであれば、迷わずそうするべきだ。

よくよく普段の生活を振り返ってみると、「今しかできないことは何か」などということは、考えもしていないのではないか。つまり、プライベートライフでどんなオプションがあるのか、考えてさえいないのだ。

休日の時間があるときにでも、今の自分にとって何が一番大切なのか、何をしないと機会損失が発生してしまうのか、じっくりと考えてみれば、いろいろなことがクリアに見えてくるはずだ

■機会損失を最小化するためには、面倒な作業を厭《いと》わないことが大切

オポチュニティー・コストの考え方は難しくない。それなのに、この使えるツールを利用しないのは、オプションの選択肢を考えるという作業が、かなり面倒臭いからだ。

逆に、普段から「他にもっと良い結果を得られるオプションがあるのではないか」と意識することで、自然とオポチュニティー・コストの考え方に慣れ親しむことができるようになる。そして、意思決定力は結果として大幅に向上する。あとから後悔の気持ちに苛《さいな》まれて、苦しい思いをしないためにも、もうやり直せないタイミングになって敗北感を味わわないためにも、自分にとって最善の選択肢は何か、常に考えて意思決定をしたいものだ。

あとがき

もともとあれこれと考えるのは嫌いではなかったが、「考えるのは何て楽しい作業なんだろう」と心から感じたのは、シカゴ大学にＭＢＡ留学していた時代だった。なぜなら、それまで分かったようで実は分かっていなかった企業活動や経済の動きについて、なるほどとクリアに理解することができるようになってきたからだ。学期が進み、多くの課目を履修するに比例して、その思いはますます強くなっていった。つまり、それまでは考えるためには必要な道具が足りなすぎたということ。そして一度考える道具を手にすると、今後はそれらをいろいろと使ってみたくなる。

ＭＢＡ留学生が、自分のキャリアについて、授業で習ったツールを使いながらあれこれと講釈を言いたがるのは、なるほど納得がいく。そう、考えること自体が楽しくて仕方がないのだ。

マネジメントとは、つまりはそういうことなのだろうと思う。

一体どこに進んだらよいのか、何をしたらよいのか事前に考え、実際に走り出してからまた考え、それまでと違った方向に舵を切ったときにまた考える。これは仕事、キャリア、そしてプライベートライフのすべてに当てはまる。その場面場面で、考えるために必要な切れ味の鋭いツールを持っていると、楽しくマネジメントができるようになるのだ。逆に、何もないところで一人悶々と考えたところで、何も答えは出てこないし苦しいだけ。考える道具をある程度持っていないと、マネジメントは苦痛でしかない。

本書では、ＭＢＡで基礎科目として習う内容の中から、核になる重要な「考える道具」を選び出し、事例を交えながら紹介してきた。

これらを知っているだけでも、ＭＢＡ取得者とそこそこやりあえるぐらいの知識量になっているはず。そして、普段から「この仮説のロジックは甘いんじゃないですか」とか「これはサンクコストだから、検討材料から外しましょう」といったように、道具を使いこなせるレベルにまで到達できたとしたら、ＭＢＡ取得者にも負けない実力がついているということだ。

もちろん、本書で紹介した内容を足がかりにして、もっと本格的に勉強したい、そして実際にＭＢＡを取りたいという人は、そうすればよい。あるいは、ここから先は実際のビジネスで実践したいという人は、やはりそうすればよい。いずれにせよ、何からの形で読者の方の指南書になることができるのだとしたら、この本に存在意義があるということなのだから。


ところで、「まえがき」で〝渇き〟について書いた。そもそもＭＢＡについて勉強しようという意識がある者は、仕事やキャリアについて強烈な〝渇き〟を持っている。そして、その〝渇き〟はＭＢＡ手法を学ぶとより強くなる――そんなことを書いた。

この本を読み終えて、そのような貪欲なまでの〝渇き〟を自分の中に感じた読者の方はいらしただろうか？　もしもそうであれば、きっと次のアクションに向けて気分が高まっているはずだ。自分の仕事やキャリアに早速当てはめて、次の日から具体的にどのようなことをしたらよいか考えたり、あるいはMBA留学への準備を始めたりといったことを。道具を手に入れることから生まれてきた新しい〝渇き〟。成長するためには絶対に必要なものだ。MBAの手法と、その使い方を解説するこの本が、読者の方々の〝渇き〟にまで踏み込むことができたとしたら、筆者として無上の悦びでもある。

最後に、これまでぼくの人生に関わってきてくれた多くの方々に、ありがとうと言いたい。この本は、ぼくを支えてくれた仲間の力に後押しされて、書き上げることができたのだから。

二〇〇三年三月

斎藤　広達

文庫化にあたって

ずいぶんと分かったような言い方をするものだ。

5年前に自分が書いた本を読みながら、しみじみと思う。当時は、新しいビジネスコンセプトや、他の著者が書いていない切り口を生み出すことに躍起になっていた。これからビジネス書を何冊も出していこう。意を決し自分の居場所を必死になって探している姿は、少々痛々しい。それゆえに、的外れな努力や、空回りする気合が満ちあふれた本になっている。まあ、結果として過剰なドライブ感を生み出しているのは確かだし、それもまた本としての魅力であることは事実なのだが……。

日本のビジネスマンを、世界レベルにまで進化させたい。そのための考える技や、仕事のテクニックを披露したい。自分がMBA留学やコンサルティング会社で経験した内容を、包み隠さず、できるだけ分かりやすく読者の方に伝えたい。

当時この原稿を書きながら、そう思ったものだ。それが担当編集者からのリクエストでもあった。この意図が読者の方々に伝わったのか、いまだに答えは出ない。

だからこそ、今もビジネス書を執筆し続けているのかもしれない。

約2年間にわたって新刊を出さない時期があったが、今年は著者として完全復帰しようと思っている。とにかく今何とかしないと、日本という国は駄目になってしまうかもしれない。そんな衝動に突き動かされながら、週末を返上して原稿を書き進める毎日を選ぶことに決めた。

ここで日本経済論を持ち出すつもりはない。しがない著者が個人でできることは知れている。自分が一翼でも担えるとしたら、同じ時代を生きるビジネスマンの方々に、少しでも仕事で役に立つ考え方やテクニックを伝えるという点だけ。40歳を目前に控えた今、その思いは日に日に強くなってきた。そろそろ、諸先輩に自分が教わってきたことを、若い人たちに還元すべき時期なのかもしれない。

拙著がキッカケとなって何かを学び始める。仕事力が進化する転機になる。そんな素敵なことを想像しながら、また多くの言説と戯れていこう。文庫化された本書が、少しでも皆さんに力を与えることができたなら嬉しい。

二〇〇八年二月

斎藤　広達

【著者紹介】
斎藤広達（さいとう・こうたつ）

1968年東京生まれ。慶應義塾大学を卒業後、エッソ石油（現エクソンモービルマーケティング）に入社し、主にマーケティング関連の業務に従事。シカゴ大学経営大学院修士（MBA）取得後、ボストン・コンサルティング・グループ、シティバンク、ローランド・ベルガーを経て、現在はゴマ・ホールディングス取締役社長。
著書に『図解コンサルティング力養成講座』『MBA的発想人』（パンローリング）、『ビジネス力養成講座』（飛鳥新社）『MBA的課長術』（幻冬舎）、『パクる技術』『失敗はなかったことにできる』（ゴマブックス）、『MBA的「無駄な仕事」をしない技術』（青春出版社）などがある。

2008年4月9日 初版第1刷発行

PanRolling Library⑭

MBA的仕事人《てきしごとじん》

著　者　斎藤広達
発行者　後藤康徳
発行所　パンローリング株式会社
〒160-0023　東京都新宿区西新宿7-9-18-6F
TEL 03-5386-7391　FAX 03-5386-7393
http://www.panrolling.com/
E-mail　info@panrolling.com
装　丁　パンローリング装丁室
印刷・製本　株式会社シナノ

ISBN 978-4-7759-3050-2

本書は、日経BP社より刊行された『MBA仕事術』を、文庫収録にあたり加筆、再編集し、改題したものです。